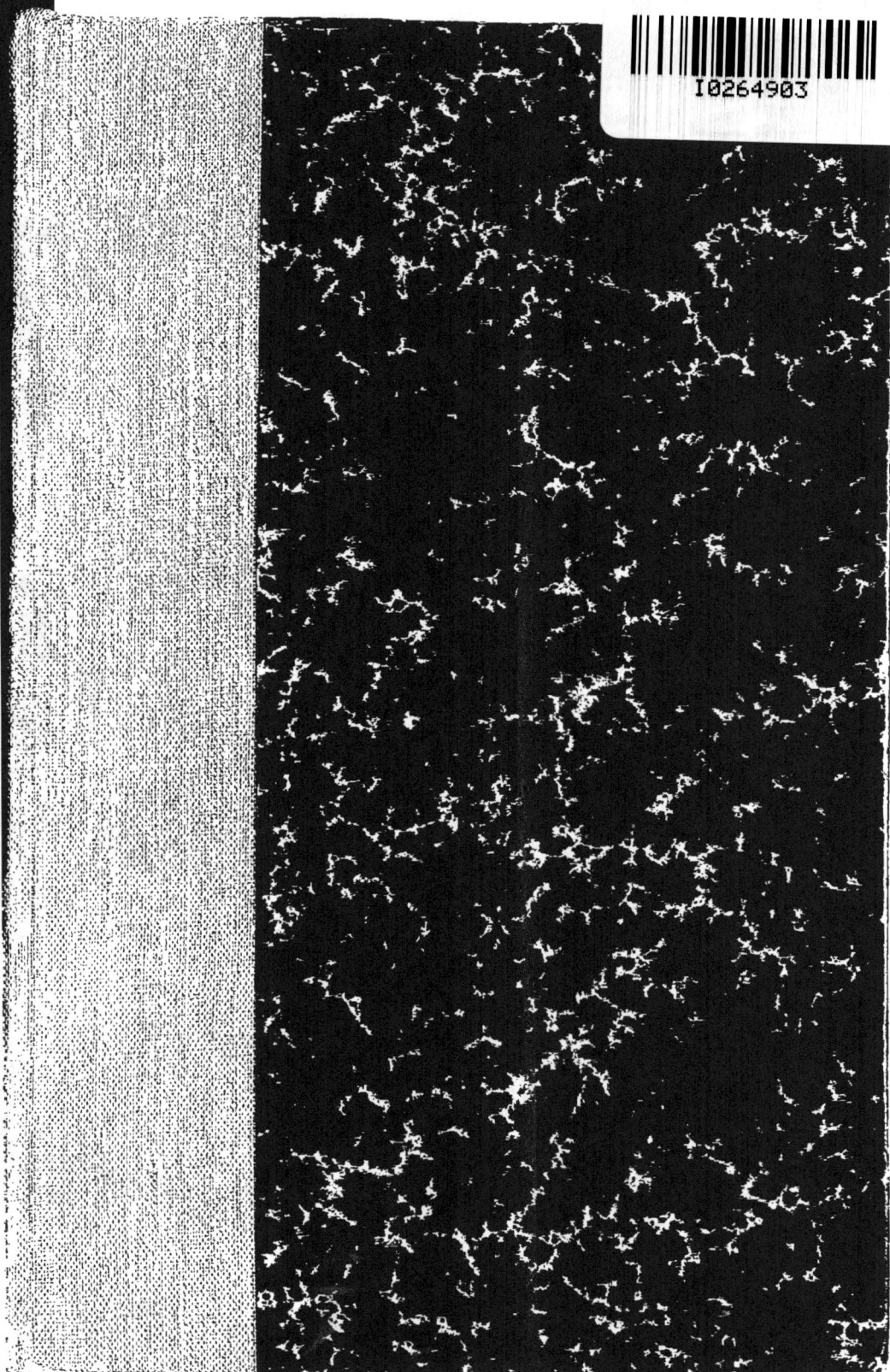

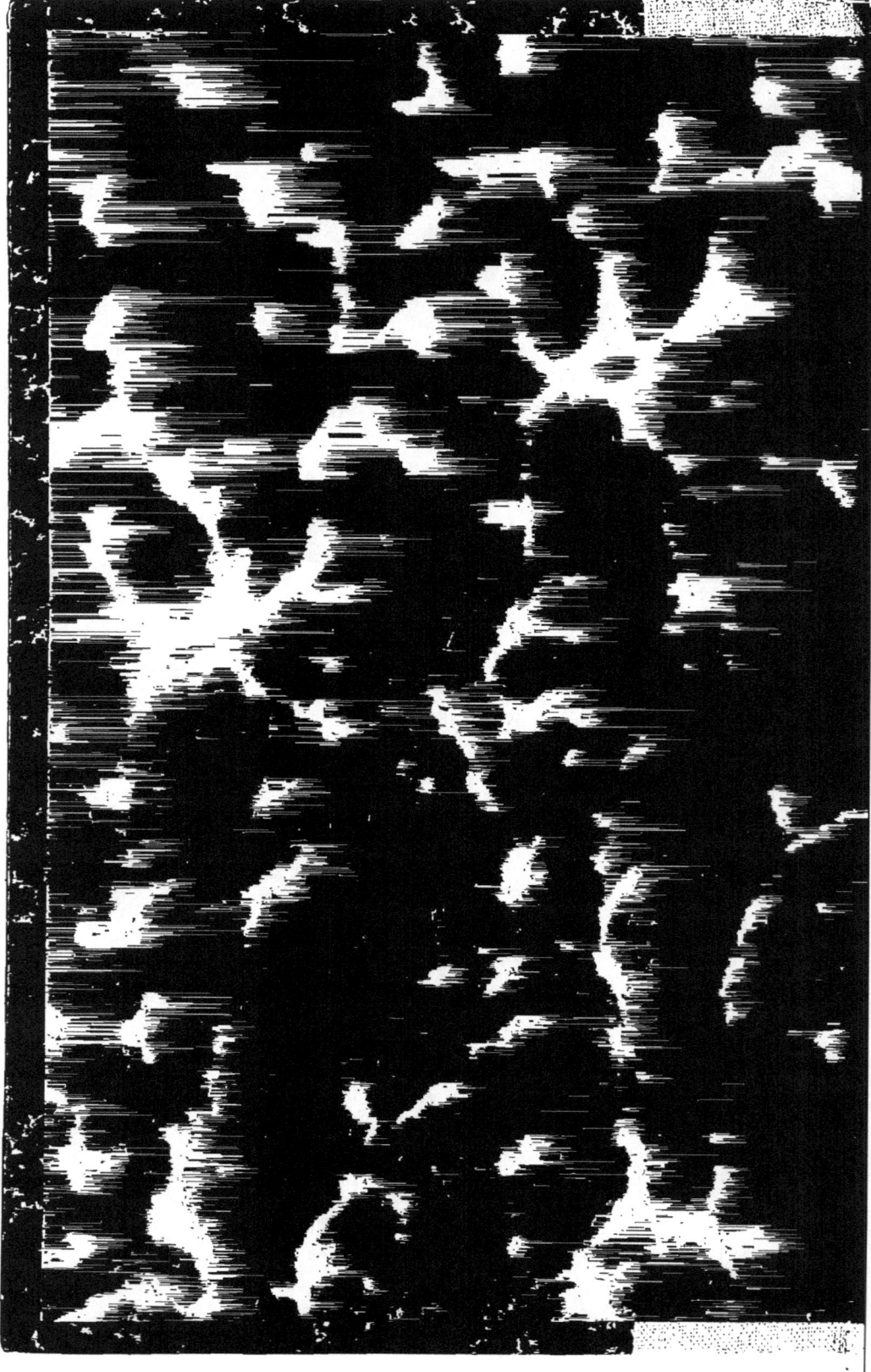

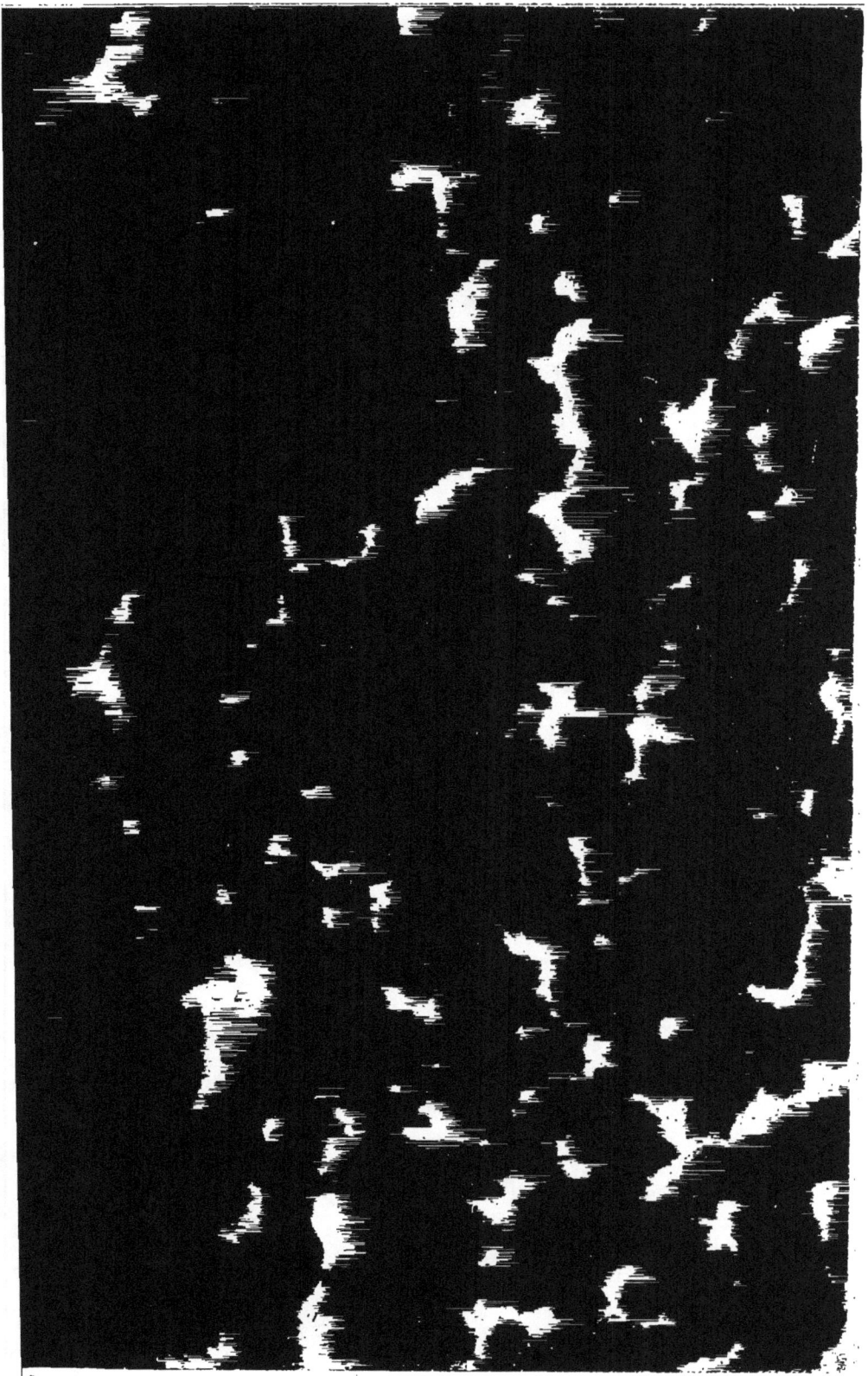

RANDEYNES & PILS

LE PORTEFEUILLE

D'UN NONAGÉNAIRE

2519. — ABBEVILLE. — TYP. ET STÉR. A. RETAUX.

LE
PORTEFEUILLE
D'UN NONAGÉNAIRE

PAR

LE BARON BLANQUART DE BAILLEUL

Intendant militaire en retraite,
Commandeur de la Légion d'honneur,
Médaillé de Sainte-Hélène.

TOME PREMIER

PARIS
AUGUSTE GHIO, ÉDITEUR
PALAIS-ROYAL, 1, 3, 5, 7 ET 11, GALERIE D'ORLÉANS

1883

A MONSIEUR THIERS

DE L'ACADÉMIE FRANÇAISE

Verneuil. Par Triel, le 15 février 1862.

Monsieur,

Excusez-moi. Vieux débris de la Grande Armée, je viens de lire, non pas seulement avec un vif intérêt, mais avec passion, avec attendrissement, le quatorzième volume de votre plus grand ouvrage. Je n'ai pas encore lu les suivants :

Pour mieux les savourer, ménageons nos plaisirs.

Voici maintenant, Monsieur, le sujet des excuses que je vous prie d'agréer.

Je me suis avisé de jeter sur le papier quelques souvenirs de la campagne de Russie. Ils se rattachent principalement à la participation du 2ᵉ corps aux événements qui ont précédé, accompagné et suivi le passage de la Bérésina. Sans me dissimuler ce qu'il peut y avoir de téméraire ou tout simplement de tardif et d'inutile, à vous les adresser aujourd'hui, à titre de renseignements, je m'y suis déterminé par la pensée que vous pourriez publier un jour, une seconde édition, ou du moins un appendice, désirable, selon moi, qui compléterait, sous la forme de *notes*, les développements ou les citations historiques que contient la première édition de votre chef-d'œuvre.

Peut-être, d'ailleurs, en historien aussi consciencieux qu'habile, estimerez-vous qu'à tout prendre, les témoins, encore debout, de cet épouvantable drame de 1812, ont qualité de dire ce qu'ils ont vu, étant bien sûrs de l'avoir vu, de l'avoir fidèlement retenu, et d'avoir, nonobstant leur grand âge, l'intelligence à peu près intacte.

— Mais, pourquoi, direz-vous, n'avoir pas parlé plus tôt? — Voici, Monsieur, ma réponse:

Assez d'autres officieux non moins impartiaux que moi, je veux le croire, mais moins désintéressés, ont été plus alertes! Que d'amis, en effet, que d'amis héroïques, a dû avoir l'historien qui pouvait transmettre leur nom à la postérité! aux solliciteurs de sa bienveillance qu'importait une erreur ou une omission étrangère à leur gloire ! — Je procède différemment; ma voix se fait entendre en faveur des morts et des déshérités, et cela dans le double intérêt que m'inspirent au même degré la justice distributive dont vous vous êtes montré si soigneux dispensateur, et la valeur intrinsèque d'un grand ouvrage. — Vous apprécierez.

Dans un sentiment de discrétion qui vous paraîtra tout naturel, Monsieur, je ne me nommerai pas ici. *Cui bono*, si j'agissais autrement. Il y a des infériorités qu'on ne doit pas alléguer même pour éviter de les rendre suspectes de comparaison. Mais si, grâce à l'indulgence qui sied toujours au mérite, vous songiez à m'accuser réception de ma Notice, je vous prierais de le faire, en donnant à la suscription de votre lettre la forme suivante :

A M. le Curé de la Paroisse,
      Pour remettre a M.***
à Verneuil.
      (par Triel, Seine-et-Oise).

NOTICE

La lecture du XIXe volume de l'*Histoire du Consulat et de l'Empire* m'a suggéré quelques observations. Elles porteront principalement sur les événements qui ont précédé, accompagné et suivi le passage de la Bérésina. Et c'est avec la plus grande impartialité, sans engouement, sans préventions, mais (qu'on le remarque bien), conformément à d'ineffaçables souvenirs que je parlerais de faits.

QUORUM PARS PARVA FUI.

Il est incontestable qu'après l'évacuation de Polotsk, dans la nuit du 19 octobre, à la tête du deuxième corps (Oudinot), et du sixième (les Bavarois), le maréchal Gouvion Saint-Cyr s'était retiré lentement, commodément, dans la direction de la ville de Lepel. Son attitude, son aplomb, imposaient au comte de Wittgenstein, qui, malgré l'énorme supériorité de ses forces, n'osait rien entreprendre de sérieux, surtout depuis la leçon infligée sur la rive gauche de la Dwina, à un de ses lieutenants, vraisemblablement le général de Steingel, par une colonne française et bavaroise, sous les ordres du général de Wrède (1). Nous séjournions partout, nous ne manquions de rien, n'étions nullement inquiétés, et les troupes attendaient, belles et pleines de confiance, la suite des événements.

Cependant, le maréchal Victor (2), commandant le neuvième corps, avait reçu l'ordre de nous rejoindre, d'agir avec son corps d'armée, et avec les deuxième et sixième, de reprendre l'offensive, et de conjurer, pour l'armée, sous le

---

(1) A cette affaire, la colonne de Wrède prit environ 1200 Russes. Parmi eux figurait un officier supérieur privé d'un œil; il portait un bandeau noir. Reconnu pour un colonel anglais, par l'adjudant-commandant de Bizy, qui avait fait la guerre, autrefois, dans l'Inde, il s'était mis, comme ayant dissimulé sa nationalité, et suspect d'espionnage, dans le cas d'être passé par les armes. Déjà, le prévôt du corps d'armée, le commandant Ravier, avait donné un avis affirmatif : le maréchal lui fit grâce. Je ne sais ce qu'est devenu cet officier, durant les péripéties de la retraite.

(2) « Toujours Victor, et jamais victorieux, » disait-on proverbialement en Italie.

commandement immédiat de l'Empereur, le danger d'une marche de flanc du comte de Wittgenstein. Victor s'avançait à la tête du neuvième corps, composé, sauf la division française Partounaux, de troupes allemandes amplement habillées, armées, équipées, et jusqu'alors bien nourries. Mais nous nous souvenions des Bavarois qui, avec les mêmes avantages, avaient succombé, en masse aux privations survenues, et à une irrémédiable nostalgie et en définitive, ces troupes n'avaient rien de l'aspect martial des vieux régiments commandés par les généraux Legrand, Maison et Merle (2e corps). — Faut-il ajouter, pour reproduire des appréciations exprimées, alors et depuis, sur le chef suprême du 9e corps d'armée, que la nature de ses qualités le rendait peu propre au rôle important et difficile qui lui avait été confié. Je n'en parle qu'à titre de narrateur, mais d'après une expérience chèrement acquise, puisque l'impuissance de cette diversion a gravement contribué aux désastres qui attendaient désormais l'armée française.

Le maréchal Victor ayant rallié les 2e et 6e corps, le maréchal Saint-Cyr, excellent commandant en chef, mais le moins malléable des subordonnés, n'était pas homme à se ranger sous les ordres d'un maréchal qu'une ancienneté relative lui aurait donné pour supérieur, bien qu'il professât peu d'admiration pour son mérite. Il prit pour s'éloigner le prétexte d'une légère blessure au pied, qu'il avait reçue sous Polotsk, dans un des combats d'août, blessure que M. Thiers qualifie de *grave* (p. 522), bien que le maréchal n'ait pas quitté un seul jour la direction de ses deux corps d'armée, depuis sa victoire du 18 août, jusqu'à l'arrivée du duc de Bellune.

Le départ du maréchal Saint-Cyr permettait au comte de Wittgenstein de respirer et de tout entreprendre. Nous étions plus nombreux, mais beaucoup moins redoutables. En effet, ce que M. Thiers ne rapporte pas distinctement, ce qu'il indique à peine (p. 580 et 589), en faisant allusion à une *perte inutile de* 2,000 *hommes*, c'est qu'à Tchasnisky, lieu qui n'est pas même nommé par l'éminent historien, le maréchal Victor fit, sans fruits, les frais d'une bataille, dans laquelle on ne reconnut aucun plan, aucune direction sérieuse, aucune énergie. A peine le maréchal parut-il à la tête des troupes. Les aides de camp galopaient, lui rendaient compte ; et c'est d'une maison du village devenue son quartier général, que partaient les ordres les plus décousus et les plus insuffisants. Etait-ce là ce que commandaient les conjonctures, et faut-il s'étonner du vif mécontentement de l'Empereur, lorsqu'il apprit ce qui s'était passé! Une réprimande ne constituait qu'un acte d'indulgence; et le maréchal dès ce moment avait perdu la confiance de ses troupes, à ce point que, lorsque le retour d'Oudinot et de nouvelles nécessités de la situation séparèrent le 9e corps du 2e, celui-ci se sentit à l'aise, et comme débarrassé d'un immense *impedimentum*. (1)

Quant au comte de Wittgenstein, rassuré complètement depuis le changement survenu dans le commandement des troupes françaises et par les résultats de l'affaire de Tchasnisky, il avait cru pouvoir sans danger, faire un détachement dans la direction de la Grande Armée Russe, à laquelle il devait bientôt donner la main, et apporter un précieux renfort. Supposez Lannes, Ney ou Davoust, là où était Victor, et envisagez les conséquences qui eussent pu s'en suivre.

(1) C'est qu'il y a un mot de M. Thiers, qui établit la supériorité de la qualité sur le nombre. « Ce qui est vrai pour une assemblée, est vrai pour une armée ».

§

La situation, on le voit, devenait de plus en plus alarmante. Après ces regrettables combats sans succès, dans lesquels ce sont toujours les meilleurs soldats qui succombent, on avait appris l'entrée de l'armée de Volhynie à Borizow, événement des plus graves, puisque l'occupation de cette position par l'ennemi coupait la retraite de l'armée française par le seul pont qui restât à sa disposition.

La défense de Borizow avait été confiée à la division polonaise Dombrowsky; mais Dombrowsky, après une résistance honorable, avait dû évacuer la ville et s'établir provisoirement en arrière, par conséquent dans la direction vers laquelle nous marchions.

La 1re division du 2e corps, division Legrand, tenant la droite, s'avançait en bon ordre vers Borizow.

Non pas à une journée et demie, en deçà, comme le dit M. Thiers, mais à deux lieues à peine de la place, le 23 novembre (si j'ai bonne mémoire), à huit heures du matin, notre avant-garde rencontra les avant-postes du général Dombrowsky. Ce général était au bivouac. Informé de l'approche des troupes françaises, il vint au-devant du général Legrand, avec les dehors d'un homme désespéré. Son premier soin fut d'expliquer, de justifier sa déconvenue, et de rendre compte des dispositions de l'ennemi. Le général Legrand le reçut avec politesse, mais froidement. — C'est qu'il n'y avait rien là qui ne fût d'une extrême gravité. — Le général Legrand avait six pieds de haut, la figure belle, calme, imposante. Sa tenue était de la plus grande simplicité; habituellement, par dessus un uniforme sans broderie, il portait une longue redingote de couleur noisette; mais il ne quittait jamais son chapeau galonné, le portant la ganse au milieu du front. Les jours de bataille, monté sur un cheval gigantesque, le général montrait de loin son chapeau à ses soldats et à l'ennemi; il avait l'air, disait un de ses officiers, le spirituel général Albert (depuis premier aide-de-camp du roi Louis-Philippe), du *dieu Mars en chapeau ferré*.

§

Il s'agissait pourtant de reprendre Borizow, et de rejeter Tchitchakoff de l'autre côté de la Bérésina, dût-il brûler le beau pont, ornement de cette ville. Sans perdre un instant, le général Legrand envoya un officier au maréchal Oudinot pour lui rendre compte de ses dispositions, qui furent immédiatement approuvées, et il ordonna à la brigade Albert d'attaquer les Russes. — Par suite d'un accident de bivac, le général Albert, la nuit précédente, avait perdu son épée; il pria le général Legrand de lui en faire donner une. — Le général lui donna celle qu'il portait : « Vive Dieu, s'écria Albert, c'est l'épée de Bayard, et si je prends Borizow aujourd'hui, c'est à elle que je le devrai. » Et il partit au galop, accompagné de son frère, qui faisait auprès de lui, comme capitaine, le service d'aide-de-camp.

Bientôt il enleva la position. Il l'enleva vers midi, à la tête du 19ᵉ de ligne. Le 19ᵉ de ligne était commandé par un des plus héroïques enfants du peuple que la France ait vu briller dans ses armées, le brave Truppel. Blessé d'un coup de feu à la cuisse droite, en pénétrant dans Borizow avec ses grenadiers, il n'avait même pas voulu descendre de cheval; l'ardeur du combat, dont il comprenait toute l'importance, l'avait comme enivré. Le sang que donnait sa blessure avait rempli sa botte à l'écuyère, et retombait par-dessus. Je l'ai vu, dans cet état, l'épée à la main : cet homme, d'un extérieur vulgaire, était superbe. — Il fallut que le maréchal Oudinot, qu'une balle devait renverser deux jours après, pour la seconde fois de la campagne, le contraignît à se retirer, en lui disant avec une bonhomie brusquement naïve : « Truppel, je vous ordonne d'aller vous faire panser ; je n'ai pas envie que cette journée me coûte un soldat tel que vous. »

Ce même Truppel, itérativement blessé à Leipzig en 1813, toujours à la tête du 19ᵉ de ligne, retraité plus tard, et bien modestement installé dans un faubourg de Rouen, y a reçu, il y a quatre ans, peu de temps avant de mourir, la visite de l'empereur Napoléon III, qui a voulu lui donner, de sa main, la croix de Commandeur de la Légion d'honneur. Dans cet acte de justice et de munificence, il est permis de se demander lequel a été le plus noble et le plus heureux, du serviteur, ou du souverain.

§

M. Thiers attribue (p. 599, 600 et 601) à un simple hasard et au général Corbineau, qui commandait, non pas une division, mais une brigade de cavalerie légère, composée comme l'indique l'ouvrage, des 7e, 20e chasseurs, et du 8e lanciers polonais, la découverte du fameux gué de la Bérésina, entre Studianka, sur la rive droite, et Zembin, sur la rive gauche.

L'anecdote du paysan polonais, rencontré traversant la rivière sur ce point, je me garde de la nier ; seulement, je n'en ai jamais entendu parler. Mais, dans ces sortes d'événements, il est rare que le *vox populi,* ou plutôt le *vox exercitus,* ne soit pas le *vox veritatis.*

Or, demandez aux survivants, contemporains de ce célèbre épisode, quel est l'homme qui a découvert le passage de la Bérésina, ils vous répondront tous : c'est le colonel Lubiensky, du 8e de lanciers polonais, comme l'ayant franchi précédemment, pour remplir une mission. Était-il accompagné d'un guide? est-ce dans ce fait qu'il faut encadrer la rencontre du paysan? c'est ce que j'ignore (1).

Quoi qu'il en soit, les circonstances qui ont déterminé le choix de ce passage, dont les conditions allaient permettre, comme l'énonce M. Thiers, l'établissement d'un ou de plusieurs ponts, sur simples chevalets, et, par suite, le succès possible de cette entreprise, tiennent du plus incroyable miracle. Il n'y eut qu'une chose plus prodigieuse, c'est l'ineptie de Tchitchakoff, vice-amiral des flottes russes, général assez mal avisé, assez imprévoyant, assez sourd et assez aveugle, pour laisser à l'armée française le temps de construire des ponts sur une rivière de soixante à quatre-vingts mètres de largeur. En définitive, les Cosaques rôdaient tout le long de la rive gauche. Nous en distinguions un poste, et nous en apercevions des patrouilles, à

---

(1) Ainsi qu'il vient d'être dit, le 8ᵉ de lanciers polonais faisait partie de la brigade Corbineau, et c'est ce qui a pu faire attribuer au général la découverte du colonel.

Indépendamment de la brigade Corbineau, le 2ᵉ corps avait une seconde brigade de cavalerie légère, commandée par le général Castex ; elle se composait des 23ᵉ et 24ᵉ chasseurs et du 3ᵉ lanciers, dont l'excellent chef, le colonel Lebrun, fils du duc de Plaisance, architrésorier, a été tué, dans une attaque de nuit, pendant la retraite.

Enfin, le 2ᵉ corps avait une division de cuirassiers, commandée par le général Dournere.

gauche de Zembin, dès le lendemain matin de notre terrible marche de nuit, de Borizow sur Studianka. Ces hommes ne pouvaient se tromper ni sur l'importance du rassemblement qui s'opérait devant leurs yeux, ni sur la nature de nos premiers travaux, ni enfin, pour appeler les choses par leur nom, sur nos coups de haches et de marteaux. En supposant qu'ils aient pris le change dans le premier moment, comment leur illusion s'est-elle indéfiniment prolongée ? Ou bien, comment l'amiral, informé, n'est-il pas accouru, avec l'élite de ses troupes, avec une artillerie suffisante pour écraser nos travailleurs ? Pas un Français, y compris l'Empereur, n'eût échappé à la mort ou à la captivité. — A quoi l'on objecte que nous avions fait, au-dessous de Borizow, une fausse attaque qui a pu induire le général russe en erreur. Mais, comment n'a-t-il pas été également bien renseigné sur les deux points, où il lui était facile de porter des forces respectables ? Et comment se fait-il que le seul, véritablement important, ait été précisément le seul négligé ? Les Russes font bien la guerre ; avec leurs troupes légères, très nombreuses, ils multiplient les reconnaissances, les alertes... ici, rien. Jusqu'à une heure assez avancée de la journée, l'empereur Napoléon est resté debout, auprès d'un feu allumé sur le bord de la rivière (1) ; sa suite, sa garde, les troupes en mouvement, les milliers de voitures de toute espèce qui s'accumulaient et prenaient rang pour passer des premières sur les futurs ponts, tout cela était-il invisible, et sans signification ? Nul ne le pourra jamais croire ; et si la postérité, dont M. Thiers a préparé le jugement, se montre un jour sévère pour la fortune et le génie de Napoléon, dans cette trop mémorable campagne, assurément elle mettra au nombre des faveurs que lui réservait encore la Providence, la léthargie, l'incompréhensible cécité de l'amiral Tchitchakoff.

§

Nous passons maintenant à un autre ordre d'observation, en nous arrêtant aux pages 603, 606 et 607.

(1) L'Empereur portait sur son uniforme de chasseur de la garde, avec gilet blanc et culotte blanche, une pelisse de martre-zibeline. Il était coiffé d'un bonnet garni de la même fourrure, dont la coiffe était en velours cramoisi ; par-dessus ses bottes à l'écuyère, il avait une deuxième paire de bottes molles fourrées. Les mains derrière le dos, et les chauffant dans cette attitude, il observait cette lamentable scène ; son maintien était parfaitement calme.

Qu'il nous soit permis de le dire : l'admiration doit être restreinte ; banale, elle n'aurait aucune valeur, et ne supposerait, chez l'écrivain, qu'un médiocre discernement ; mais elle ne doit pas être exclusive, parce qu'elle se transformerait en partialité. Le devoir de l'histoire ne consiste pas à relater certains détails, il peut les négliger, surtout s'ils devaient rétrécir le tableau ; mais s'il les recueille et les produit, il est en conscience obligé de citer des faits plus marquants, l'histoire devant procéder en quelque sorte par ordre d'importance et de mérite.

Avec raison, l'honorable général Éblé commandant en chef l'artillerie de l'armée, et le non moins digne général de Lariboissière, son successeur, morts tous deux dans le cours de la retraite, inspirent à M. Thiers une très-grande admiration : c'est le sentiment qu'ils auront légué à l'avenir. Mais n'eût-il pas été à propos de mettre en relief les remarquables services d'autres officiers de la même armée. Je m'explique, et je compare.

Cette action hardie, saisissante du chef d'escadron Jacqueminot, qui, tout malade, traverse deux fois, à cheval, la Bérésina, va faire prisonnier un sous-officier de Cosaques, et l'amène à l'Empereur, ce trait a eu toute l'armée pour témoin, (et l'auteur du présent écrit en a suivi toutes les phases). — C'est magnifique assurément. — Mais, à deux cents pas de là, un officier s'installait *dans la rivière*, et se signalait par des services d'un bien autre prix. Sans attendre l'arrivée du général Éblé, sans attendre des ressources éventuelles, avec les seuls pontonniers du 2e corps, et au moyen des débris du village de Studianka, il entreprenait l'établissement des fameux chevalets, sans quitter d'une minute la direction des travaux, donnant l'exemple de ce que peut produire l'intelligence pratique, unie à une merveilleuse ténacité. Ce même officier, sauvé avec l'armée, par ses propres mains, a rendu les mêmes services, dans la campagne de 1813, où il a payé de sa vie des efforts surhumains, et la plus brillante valeur. Cet officier occupait un rang et un poste élevés, il commandait l'artillerie du 2e corps, depuis que le général Dulauloy, (à la satisfaction de tous), avait été appelé à une autre destination. Cet officier, c'est le général Aubry; et il n'est pas recommandé à l'estime publique dans l'ouvrage de l'illustre écrivain ! C'est une regrettable omission, et nous sommes persuadé qu'elle sera réparée, si jamais nous voyons publier une seconde édition, ou simplement un utile appendice de l'immortel ouvrage.

§

Exposons maintenant, et brièvement ce qu'il nous paraît à propos de faire ressortir, relativement à la lutte du 9ᵉ corps sur la rive gauche de la Bérésina, et à celle du 2ᵉ corps, sur la rive droite.

Je n'ai pas hésité à reprocher plus haut, au maréchal Victor sa mollesse, ses irrésolutions, tranchons le mot, son incapacité. Je ne retracte rien de ce que j'ai avancé, hélas! il y avait bien d'autres insuffisances, bien d'autres suffisances, que l'Empereur s'obstinait à ne point écarter. Il y avait des courages dégénérés auxquels il se confiait encore; des fous, qu'il chargeait de diriger des sages! J'en nommerais, des uns et des autres, «je dis des plus huppés...» Mais le respect de leur heureuse et illégitime illustration me retient, non moins que l'inutilité posthume d'une facile accusation. Pourquoi tant éplucher les morts? La renommée est femme, elle est capricieuse, et ne choisit pas toujours les plus dignes : qu'ils reposent sur leurs lauriers, bien ou mal acquis ; nous n'aurons pas le mauveis goût de chercher à les leur arracher.

Le maréchal Victor a été, sur les bords de la Bérésina ce qu'il avait été à Tchasnisky, et vraisemblement ailleurs : on ne change point sa taille. Il est permis d'affirmer, d'après des milliers de témoignages, et suivant toutes les probalités que la perte de la division Partouneaux (1) a été due, dans le principe, à l'impéritie de l'état-major du maréchal, puis à celle du commandant de la division lui-même.

Au moment de ce désastre, dont on s'entretenait avec une grande émotion, il n'y eut qu'un cri dans l'armée, et dans quels termes ce cri s'exhalait-il ? Il me semble encore l'entendre. — On disait : *Le général Partouneaux a fait fausse route, et il s'est fait prendre, avec toute sa division.* Et que de réflexions n'ajoutait-on pas, au sujet de cet événement, inconnu jusqu'alors, dans notre malheureuse, mais héroïque armée ! ne considérait-on pas que les

---

(1) Le général de Bréa, qui a fatalement péri, à la barrière de Fontainebleau, fusillé par les insurgés de juin 1848, était beau-frère du général Partouneaux.

troupes du 9ᵉ corps, en ligne depuis à peine un mois, comptant un effectif relativement élevé, auraient dû se montrer, sinon victorieuses, du moins redoutables? Point: tout était fini pour elles.

Aussi, lorsque M. Thiers rapporte, que le général, après avoir été enveloppé, fit avant de se rendre, des prodiges de valeur, je l'admets sans difficultés; mais peut-être aurait-il dû annoncer, qu'avant d'avoir fait acte d'une résistance énergique, le général avait manqué d'habileté. Et si nous nous permettons une semblable allégation, c'est qu'il faut bien reconnaître que la responsabilité est toujours proportionnée aux dimensions de son théâtre, à la gravité des résultats; qu'il est des conjonctures dans lesquelles on rencontre l'alternative de sauver ou de perdre une armée, de sauver ou de compromettre son pays, d'élever, ou d'engloutir sa considération. Et, disons-le, non pas dans un sentiment d'exigence ou d'ingratitude, mais dans un esprit de rigoureuse logique: si, en guerre, le succès, sans tout justifier, justifie beaucoup de choses, et fonde la gloire, par une juste réciprocité les insuccès recueillent une tout autre moisson. — Grâce à Dieu, l'on ne met plus à mort les généraux malheureux, mais en accordant une honorable estime à leurs efforts, le pays a le droit d'en peser le mérite et les conséquences.

§

Rive gauche. — Engagement du 2ᵉ corps.

La charge du 7ᵉ cuirassier, sous le commandement du colonel Dubois, est restée justement célèbre. Elle a décidé du sort d'un combat sanglant, et a rendu la retraite, par les ponts, aussi libre que le permettait leur effroyable encombrement, dû au danger que courait tout ce qui restait sur la rive gauche. Mais il est à regretter que M. Thiers n'ait pas joint à l'éloge que mérite ce fait d'armes, celui du chef de la brigade, le beau et le brave général Bercheine, le seul officier-général, du 2ᵉ corps (si je ne me trompe), avec le comte de Lorencez (1), qui n'ait pas été blessé dans cette dernière journée de triomphe.

Mais un mot sur la division Legrand; après quoi je retracerai les circonstances dans les-

---

(1) Le général Latrille, comte de Lorencez, chef d'état-major du 2ᵉ corps, l'un des gendres du maréchal Oudinot, père du commandant actuel de l'expédition du Mexique. (Note de 1866.)

quelles son vénérable chef a été mis hors de combat.

La division Legrand, composée du 26e léger, des 19e, 56e et 124e de ligne, était entrée en campagne avec un effectif de près de 12,000 hommes. Elle n'a rien eu à envier aux plus illustres divisions des 1er 3e et 4e corps, aux divisions Moraud, Gudin, Compasse, Dessaix, Ledru-Deserrard, Broussier, etc., dont M. Thiers fait un éloge bien acquis, mais fréquemment et complaisamment reproduit. Le célèbre publiciste est bien autrement sobre de son estime envers la 1re division du 2e corps. Sans doute il n'en parle qu'honorablement, mais dans quels termes? Il se borne à énoncer « qu'à la bataille de 18 août, en avant de Polotsk, *elle ne fut pas indigne de sa voisine, la division Maison, la plus exposée des deux aux efforts de l'ennemi.* » (page 520.)

O mânes du Dieu Mars en chapeau ferré, vous avez dû frémir! Et moi, je veux vous évoquer. — Les appréciations de M. Thiers ont trop de poids, son ouvrage trop de retentissement et de lecteurs, son talent trop d'autorité, pour qu'on puisse demeurer indifférent à la mesure de son approbation: le prix d'un éloge est toujours proportionné à la taille de celui qui le décerne. — Or, ici, les rôles manquent de fidélité, ou plutôt ils sont intervertis, en ce qui concerne les chefs de ces deux excellentes divisions, et je dis : dans tout le corps d'armée, nul, y compris M. le Maréchal, n'eût osé contester au général Legrand la supériorité du sang-froid, de l'expérience, du courage calme et égal, en un mot de toutes les qualités qui distinguent le parfait homme de guerre ; et d'autre part, le vigoureux et sagace général Maison, destiné à la plus haute dignité militaire, n'était encore qu'un élégant aide de camp de Bernadote, que Legrand s'était illustré dans vingt combats, notamment dans la rude campagne de 1807, où, heureux réparateur de quelques infortunes survenues au maréchal Mortier, il reçut la grand'croix de la Légion d'honneur, trop petite pour sa haute stature, et le prix de ses services. — Il fallait voir avec quelle indulgence il recevait les brouillons et les vantards, pour ne les point rendre impropres à tout; avec quels bienveillants égards il accueillait les hommes dont il faisait cas; avec quelle bonté et quelle sollicitude encourageante il traitait les soldats : il en connaissait beaucoup, se plaisait à les nommer dans les rangs, et comblait souvent leur bonheur par une familiarité pleine d'à-propos et de grâce. Avec une candeur toute filiale, les soldats l'appelaient : « Notre père. » Touché parfois jusqu'aux larmes. — Au feu, quelle confiance inspirait ce géant, et quels étaient son coup d'œil, son aisance, son aplomb, son habitude d'un commandement rendu léger par l'obéissance et l'attachement qu'on aimait à lui prodiguer ! Pour tous ceux qui ont eu la fortune de l'approcher, le général Legrand est demeuré le modèle de la simplicité, de la dignité, de la droiture, du sentiment d'honneur, et de toutes les nobles inclinations qui constituent le chevalier sans peur et sans reproche. Un pareil homme aurait mérité d'être invulnérable, mais il était trop brave.

Durant la campagne, son chapeau et ses habits avaient reçu plusieurs balles. Dans un des derniers combats qui précédèrent la réunion du 2e corps à l'armée de Moscou, la patte d'une de ses épaulettes avait été enlevée. Cependant, jusque-là tout avait épargné cette belle tête, cette belle vie ; et l'Empereur, en passant la revue de sa division, sur les bords de la Bérésina, avait, en termes caressants, complimenté le général, tout à la fois sur la tenue de ses troupes, sur ses bons services, et sur les dangers auxquels il avait échappé : *Vous avez été*, lui dit-il, *toujours brave, habile et* HEUREUX, en appuyant sur ce dernier mot.

Après la bataille livrée à Tchitchakoff, sur la rive gauche, les Russes s'étaient repliés jusqu'au pont de Borizow. Tout était fini pour la sanglante journée. A la nuit close, le général Legrand était revenu prendre un peu de repos dans une chaumière de Zembin (1), lorsqu'on vint l'informer que le 26ᵉ léger était ramené par l'ennemi, et que cette alerte paraissait sérieuse. Le 26ᵉ léger était un excellent régiment; sous son ancien colonel, le comte Guéheneuc, il avait été magnifique, et la réputation de ce corps était des plus brillantes. Mais, en dernier lieu, il ne s'était pas assez prémuni contre les éléments de relâchement que la pénible retraite n'allait que trop développer, même parmi les meilleures troupes. Le 26ᵉ était alors commandé par un major en second (lieutenant-colonel), officier qui, au lieu d'entretenir le feu sacré dont ce beau régiment était naguère animé, l'avait laissé

---

(1) Non loin de cette maison, nous avions établi l'ambulance ; c'est là qu'après avoir reçu le dernier soupir du général Candras, de la 3ᵉ division, je m'endormis, les pieds dans le sang, et au bruit de la scie qui accomplissait les amputations.

pâlir : ce qui, sans doute, faisait dire à l'Empereur : *Je ne connais pas de mauvais régiments, je ne connais que de mauvais colonels.*

Le général, mécontent et inquiet, ne se contint qu'avec peine ; il demanda son cheval, et sortit vivement. Il rejoignit le 26⁰, et le trouva remis de sa panique ; toutefois il avait quitté sa position. Pour la lui faire reprendre, en prévision des éventualités de la nuit et du lendemain, on dut repousser les Russes, qui s'étaient avancés. Et au moment où tout était rentré dans l'ordre, le général fut atteint d'une balle qui, après lui avoir brisé la clavicule gauche, alla briser également l'omoplate du même côté. Il l'avait reçue en face, de près, et les balles russes sont (ou du moins alors elles étaient) en fonte, et de fort calibre.

Cette blessure ne s'est point fermée. A peine soignée pendant la retraite, et très grave d'ailleurs, elle était devenue mortelle, dans un temps donné. Le brave vétéran, qui la portait avec une inaltérable sérénité, arriva pourtant à Paris, où l'enceinte du Sénat avait été ouverte à ses glorieux chevrons. Il souffrit, sans espoir de guérison, jusqu'en 1814, et sa mort fut hâtée par un accident cruel. Étant déjà très mal, il devait changer de lit : en le transportant, ses domestiques ont succombé sous le poids de ce colosse, et la chute a entraîné des résultats bientôt funestes.

§

En mettant un terme à cette notice, déjà trop longue, je me reprocherais un oubli qu'a commis M. Thiers, si je ne faisais remarquer que la 3ᵉ division du 2ᵉ corps, commandée par un officier-général d'une incontestable valeur, le général Merle, n'est point mentionnée dans le national ouvrage. Cette division a pris une part très honorable aux luttes du corps d'armée. Elle se composait : d'une brigade suisse, d'un régiment d'infanterie croate, et d'une brigade portugaise, sous les ordres d'un officier-général qui, depuis, a joué un grand rôle politique dans son pays, le général Pamplona.

Les Suisses se sont constamment bien montrés, et très dignement conduits, lorsque quatre de leurs compagnies d'élite ont fait l'arrière-garde chargée de céder avec aplomb la place de Polotsk aux troupes du comte de Wittgenstein.

Installées sur des barques disposées pour elles, elles ont, à minuit, traversé la Dwina, après avoir coupé les amarres, en faisant un feu régulier et bien nourri, qui a été très remarqué et très meurtrier (1).

Le 3ᵉ régiment d'infanterie croate, commandé par un Français, le colonel Joly, s'est, en toute occasion, bravement comporté.

Quant aux Portugais, ils ont soutenu, par leur sobriété, leur bravoure et par leur qualité de bons marcheurs, la renommée des vieilles bandes méridionales, qui ont eu longtemps le pas sur l'infanterie de toute l'Europe. Nous dirons donc avec Voltaire :

> Chaque peuple, à son tour, a régné sur la terre,
> Par les lois, par les arts, et surtout par la guerre.

Heureux ceux qui, sans vouloir dominer le monde, sont assez forts pour se faire respecter chez eux, assez sages pour respecter les autres ! Y en a-t-il beaucoup ? Y en a-t-il un seul ?

---

(1) L'un de ces régiments, le 4ᵉ, était commandé par un officier porteur d'un nom justement honoré, le comte d'Offry : ce nom s'est illustré le 10 août.

Je me résume.

OBSERVATIONS GÉNÉRALES.

Les 2ᵉ et 9ᵉ corps étaient destinés à conjurer un double danger. Ils ne pouvaient plus compter sur le 6ᵉ corps (les Bavarois), que les fatigues et la nostalgie avaient réduit à rien.

Le 9ᵉ corps, en premier lieu à Tchasnisky, et plus tard sur les bords de la Bérésina, a compromis sa situation et le salut de l'armée.

Le 2ᵉ l'a sauvée, tant par la prise de Borizow, que par sa victoire sur la rive droite. Mais ce corps d'armée n'a pas eu, sous la plume de l'éminent historien, la part de relief à laquelle il avait droit. Nous nous bornerons à rappeler que le maréchal Oudinot, son illustre chef, et *onze* de ses officiers-généraux ont rougi de leur sang les bords de la Bérésina.

OBSERVATIONS PARTICULIÈRES.

Mention honorable était due :

1° Au général d'artillerie Aubry, constructeur des ponts sur la Bérésina ;

2° Au général d'infanterie Albert, brillant entre les plus brillants, brave entre les plus braves ;

3° Au colonel Truppel, du 19e de ligne, le héros de Borizow ;

4° Au vaillant général Bercheim, commandant la brigade de cuirassiers dont faisait partie le 7e régiment (colonel Dubois).

5° Au colonel Lubiensky, du 8e lanciers polonais, le hardi et heureux explorateur du gué de la Bérésina.

Ma tâche est accomplie.

Verneuil, Février 1862.

LETTRE

DE MONSIEUR THIERS, ADRESSÉE A MONSIEUR LE CURÉ DE LA PAROISSE, POUR REMETTRE A M*** A VERNEUIL, PAR TRIEL (SEINE-ET-OISE).

Paris, 14 juillet 1862.

Monsieur,

Vous serez bien étonné de recevoir une réponse après avoir attendu si longtemps. Mais la publication de mon XXe et dernier volume ne m'a pas laissé un moment de liberté. Je vous remercie bien sincèrement de votre aimable lettre, et de vos observations. J'en tiendrai grand compte, et je verrai si je dois ajouter quelques détails à mon récit. On tire cinquante mille exemplaires, à peu près la valeur de trente éditions, de mes volumes, à leur apparition. Ce n'est donc pas tout de suite que se fait un nouveau tirage. Mais si je crois devoir ajouter quelque chose pour le général Legrand, je le ferai.

En attendant, je veux vous dire que j'ai pris votre lettre comme elle méritait, et que je vous en serai fort reconnaissant.

Agréez mes sentiments les plus affectueux.

Signé : A. Thiers.

A MONSIEUR THIERS (1).

Verneuil, par Triel, le 17 juillet 1862.

Monsieur,

Garder l'anonyme, à l'occasion de l'envoi d'une pauvre Notice était chose toute naturelle.

Maintenant que vous avez honoré cette notice d'un accueil plein de grâce, je lèverai mon masque.

---

(1) En reproduisant cette lettre, j'en retranche quelques détails insignifiants, relatifs à une erreur que j'avais commise, en désignant le colonel Casa-Bianca comme ayant commandé le 26° léger, tandis que le chef de ce régiment était, pendant la campagne, le comte de Guéheneuc.

. . . .
. . . .

Vous voulez bien songer à *grandir* de quelques coudées le géant *Legrand*, lorsque vous vous occuperez d'un *adjutorium* impossible aujourd'hui. J'en accepte l'augure; et s'il vous convenait de puiser à meilleure source que dans mes chancelants souvenirs, le général Schérer, beau-frère de l'illustre vétéran, et son aide de camp, en 1812, serait sans doute à même de fournir des renseignements d'une certaine valeur.

Mais je ne puis, Monsieur, abandonner aucun de mes chers illustres du 2ᵉ corps. Souffrez donc que je vous recommande de nouveau leur gloire dont vous aurez été le Tacite; n'en soyez pas le *tacet*. En voici la liste réduite :

1º Le général d'artillerie Aubry, constructeur des ponts de la Bérésina;

2º Le colonel Truppel du 19ᵉ de ligne, le héros de Borizow;

3º Le colonel Lubiensky, du 8ᵉ lanciers Polonais, l'explorateur du gué de la Bérésina, type de la bravoure, de l'élégance, de la noblesse polonaise.

Trouvez-moi indiscret, Monsieur, je le veux

bien, mais mesurez mon estime pour ces hommes-là au risque très grave que je cours de vous blesser par trop d'insistance.

Signé : L. B. de BAILLEUL.

Fils de l'ancien député; frère de l'ancien archevêque de Rouen; ancien adjoint aux Commissaires des guerres, au quartier général du maréchal Oudinot, et à la Division Legrand; depuis, Intendant en chef de l'armée de Paris.

LETTRE

DE MONSIEUR THIERS, ADRESSÉE A MONSIEUR DE BAILLEUL, ANCIEN INTENDANT MILITAIRE A VERNEUIL.

Paris, 25 juillet 1862.

Monsieur,

En traversant Paris, je trouve la lettre dans laquelle vous voulez bien déposer votre masque, et je vous remercie de m'avoir fait connaître l'auteur d'une notice intéressante, et inspirée par l'amour de la vérité. Un témoin aussi éclairé que vous mérite qu'on tienne grand compte de sa déposition, et vous verrez que j'en fais le plus grand cas. Je tiendrai compte aussi de vos nouvelles indications, et vous prie de recevoir avec mes nouveaux remerciements, l'assurance de ma considération la plus distinguée.

Signé : A. THIERS.

FRANCE ET PRUSSE [1]

PREMIÈRE PARTIE

Après trois mois d'une lutte inégale, dans laquelle notre honneur militaire est à peine resté sauf ; après une série non interrompue de désastres qui n'ont pas, grâce au Ciel, abattu tous les courages, il peut être à propos de remonter à l'origine, et d'examiner le caractère de cette guerre sans exemple, par ses proportions et ses résultats.

Depuis dix ans, les prétentions de la Prusse

---

[1] Ce premier écrit porte la date du 8 novembre 1870. A cette époque, l'issue de la lutte, dans l'Est, avait cessé d'être douteuse, et l'armée ennemie préparait l'investissement de Paris. Cependant, le sentiment national n'était pas abattu ; on espérait une résistance à laquelle l'insuffisance des moyens et l'impéritie des gens du 4 septembre ont bientôt apporté un terme.

se manifestaient sous une forme à laquelle il était impossible de se méprendre. Son roi, saisissant, ou faisant naître les occasions de surexciter les esprits en Allemagne, affectait de se produire, dans ses actes (comme il aurait pu se faire représenter dans un portrait,) le front haut, l'œil inquiet, la main sur la garde de son épée. On se demandait de toutes parts à qui cette épée en voulait, quel adversaire elle menaçait, quand elle sortirait du fourreau, prête à trancher l'équilibre européen, cheval de bataille péniblement dompté par une diplomatie hésitante et cauteleuse.

Le Danemark était le premier objectif du cabinet prussien, comme s'il eût voulu faire l'essai de son audace, de ses forces, et de ses fusils à aiguille, contre une puissance secondaire. Après des victoires, bravement disputées par l'excellente armée danoise, la Prusse dicta les conditions d'un traité de paix, avec l'arrière-pensée d'en éluder, à son gré, les stipulations, et c'est à ce dernier parti qu'elle a eu recours ; conduite qui, dans des temps d'une plus honorable loyauté, eût attiré sur son auteur une légitime leçon. Mais les grands principes de droit public, qui ont illustré les Cicéron, les Grotius, les Burlamachi, les Puffendorf, les Machiavel, sont aujourd'hui foulés aux pieds. Un siècle qui se targue de sa civilisation, parce qu'il s'est débarrassé de tout scrupule, n'a besoin d'aucune règle; pour lui la probité politique est un vain mot, la morale une lettre morte. Et, par qui cette violation de tout principe est-elle scandaleusement pratiquée? Par un souverain, chef de sa religion, par un prince, prodigue d'invocations à la Providence! « Croyez-moi, Sire, vos génuflexions ne sont qu'un odieux sacrilège! »

On sait que, sans perdre de temps, en 1866, la Prusse, après avoir cherché querelle à l'Autriche, insuffisamment préparée à se défendre, conquit à Sadowa une situation et des concessions qui, en séparant à peu près la couronne autrichienne des intérêts allemands, assuraient à son heureuse rivale une prépondérance définitive, ou plutôt une domination absolue sur les États secondaires qu'elle avait eu soin de confédérer préalablement.

Toutefois, une aussi longue autocratie ne suffisait pas à l'avidité du roi Guillaume; et tandis qu'il suscitait des embarras à la Hollande et à la France, dans l'affaire du Luxembourg, le trône de la Roumanie était devenu vacant. Ce n'est probablement pas le hasard qui l'a fait échoir à un prince de Hohenzollern. Or, cette insatiable maison, déjà alliée à la famille impériale russe, à la famille royale d'Angleterre, à la famille régnante du grand duché de Bade, avait encore besoin d'une couronne.—Devant un pareil tableau, il n'est plus permis de vouer à l'animadversion de la postérité, ainsi que cela a été de mode un moment (pour les besoins d'une cause antifrançaise), l'ambition éphémère de Napoléon Ier, le vainqueur d'Iéna. Tant il est vrai que l'histoire et la conduite des peuples et des conquérants sont un tissu de contradictions et de similitudes, également funestes et condamnables, L'habileté, le droit, c'est la force.

Mais tout souriait aux vues de la Prusse-même les événements les plus inattendus ; et par une de ces anomalies, par une de ces énormités qui trompent toutes les prévisions, il s'est rencontré un homme, un Espagnol, le maréchal Prim, personnage remuant et ambitieux, qui, renonçant à l'amour traditionnel de son pays pour les rois de son sang, était venu offrir le trône d'Espagne à un autre Hohenzollern.

Le roi de Prusse s'était-il mis en travers de cette négociation, ourdie par son cabinet? avait-il trouvé le projet exorbitant ? Pas le moins du monde. Seulement, il était censé l'avoir ignoré, sans doute comme une chose peu digne de son attention, lorsqu'on apprit enfin que ce Prince avait tout su, tout dissimulé, tout autorisé. — De bonne foi, le roi Guillaume et le comte de Bismarck ne rappellent-ils pas ici, mais en les dépassant, Louis XI et son compère Tristan ?

Et, durant cette série d'astuces, devant ces incroyables menées, que se disait-il, à la cour de Potsdam, et dans les salons de Berlin ? Il s'y disait ouvertement qu'il manquait à la gloire et à la prépondérance de la Prusse une campagne contre la France; que la guerre contre elle était inévitable et prochaine; que l'issue n'en était pas douteuse : qu'il convenait au rôle de l'Allemagne de réduire la France à l'état de puissance de second ordre ; et qu'après son abaissement la première nation du globe serait la Prusse, apparemment pour le bonheur de l'humanité, et conformément aux conditions d'un juste équilibre européen.

Ici, nous emprunterons à La Fontaine une comparaison, et nous dirons — que le langage du Lion n'était pas plus scandaleux. — La main sur le cœur, n'est-il pas démontré qu'une aussi étonnante et publique outrecuidance devait blesser au vif le sentiment français? Sans être une provocation formelle, elle était une menace un défi, un outrage; et il devenait évident, à tous les yeux que la Prusse, disposant de l'Allemagne, et assise demain sur le trône espagnol, avait résolu, en nous étreignant entre les bras du Rhin et les cîmes des Pyrénées, de nous mettre entre deux feux. Il était donc impossible d'accepter sans mot dire, une combinaison moins compromettante encore dans le présent que dans l'avenir.

La France dut faire entendre des représentations. Mais, satisfait de nous avoir piqués au jeu, le cabinet de Berlin, feignant de les écouter, n'entendait pas se lier indéfiniment, préparé qu'il était, de longue main, à relever le gant que nous viendrions à lui jeter : L'habileté était de son côté, la susceptibilité, l'exigence, paraissaient être du nôtre. Et peut-on douter un moment de la duplicité et des déterminations du gouvernement prussien, si l'on se rappelle qu'au mépris de toutes les bienséances, ou plutôt du droit des gens, et des règles diplomatiques les plus élémentaires, le Roi, après un premier entretien avec notre ambassadeur, M. Benedetti, se refusa net, et dans la forme la plus dédaigneuse, à lui en accorder un second, comme s'il eût craint, ou d'entendre des propositions d'accommodement, ou d'avoir à se démasquer.

§

Depuis longtemps, la France avait été couverte d'espions à domicile, choisis dans tous les rangs, principalement dans la domesticité et dans la classe ouvrière, comme aussi parmi les médecins, les oculistes, les commerçants. Et ce qui, en dépassant toute supposition, est pourtant une réalité, c'est que, serviteurs sans dignité d'un souverain sans pudeur, des officiers ont troqué leur uniforme contre des habits de livrée, pour pénétrer dans les secrets de l'Etat, dans l'intérieur de certaines grandes familles. Eh quoi ! l'armée prussienne est-elle donc initiée aux mystères, aux serments de l'illuminisme, se dépouille-t-elle de ses armes pour jouer un jeu aussi méprisable que double ? Et qu'est devenue la loyauté militaire, dans ce temps de matérialisme, d'astuce et de félonie ?

Mais poursuivons.

Des cartes, des plans, des ouvrages, composés avec le plus grand soin, avaient donné à l'Etat-Major prussien des renseignements incroyablement minutieux, sur la configuration de notre territoire, sur la population, sur les ressources, les produits, l'industrie de chaque contrée, sur le service des chemins de fer, sur l'état de nos forteresses, et de nos ports; en un mot, nous ne craignons pas de dire que l'administration prussienne connaissait la France militaire tout au moins aussi bien que l'administration française.

En Allemagne, que voyait-on? Un développement gigantesque de concentration et de troupes. Une seule et même direction de transport mettait sur le pied de guerre, en Prusse, en Bavière, dans le Wurtemberg, dans la Saxe, la Hesse, dans le grand duché de Bade, des armées parfaitement organisées et exercées. Une artillerie formidable était prête, une excellente cavalerie était portée à un effectif inouï; enfin, les engins modernes les plus puissants avaient été mystérieusement disposés et réunis dans les arsenaux pour en sortir, au premier signal. Faut-il ajouter qu'au mépris du droit des gens et des règles loyales de la guerre, des balles explosibles ont pu figurer sur l'inventaire du matériel de l'Allemagne?

C'est l'ensemble de ces forces qui allait servir la cause d'un peuple plus fanfaron que chevaleresque, plus vindicatif que généreux, plus vandale qu'athénien. Et si l'on pouvait douter de la fidélité de ce tableau, il suffirait, pour le faire apparaître dans tout son jour, de se rappeler qu'en 1867, à l'époque de l'exposition universelle, le Roi Guillaume, tandis qu'il offrait à l'Impératrice les hommages les plus courtois, les bouquets les plus galants; tandis qu'il jouait avec le Prince Impérial, ce Roi faisait compter nos soldats, au bois de Boulogne, faisait étudier l'attaque de Paris, par des officiers revêtus d'une redingote noire. En effet un ouvrage des plus curieux, des moins connus, publié à cette époque, prouve que nous ne hasardons rien. Cet ouvrage, chef-d'œuvre d'art militaire, et de perfidie, nous l'avons lu.

Quant aux fabuleux préparatifs, qui flattaient et étonnaient l'Allemagne elle-même, nos diplomates, nos attachés militaires à Berlin, ont-ils pu les ignorer? Cela est absolument inadmissible, car le plus simple voyageur, le premier baigneur venu, en avaient été les témoins. Mais enfin si la lumière s'est faite, *si le plébiscite* (chose capitale !) *qui avait attribué à la totalité de l'effectif de l'armée française, trois cent cinquante mille votants, y compris les non-combattants*, a montré au monde entier le chiffre exact de nos forces disponibles, alors qu'on savait la Prusse prête à mettre en ligne, au premier coup de baguette sept ou huit cent mille hommes, tout formés, bien pourvus, disciplinés, confiants, commandés par un chef d'un incontestable mérite, le comte de Moltke, vainqueur de l'Autriche ; si l'on n'a rien ignoré de tout cela, comment ne pas être confondu de la témérité de l'Empereur, prêt à s'engager dans une lutte aussi disproportionnée ?

Ici, une explication nette, impartiale, comme il convient à toute appréciation historique, est nécessaire. En la dégageant de tout esprit de récrimination ; en la dépouillant des préventions, des ardeurs, auxquelles de grands malheurs prédisposent, inévitablement, nous n'hésiterons pas à la produire dans les termes suivants :

Oui, la disproportion des forces respectives, l'infériorité soit numérique, soit fondamentale de notre matériel de guerre, la dissémination de nos troupes, dont une partie était en Afrique, une autre dans les Etats Romains ; le faible effectif de nos régiments, les besoins, les difficultés subites d'un grand rassemblement sur un même point; l'incomplet de la défense de nos places frontières, inutiles et absolument négligées depuis cinquante ans : tout cela constituait une situation périlleuse. Pourquoi donc avoir précipité le cours des événements? N'avait-on pas un intérêt décisif à gagner du temps, en vue de compléter, de fortifier, d'accroître les éléments d'une aussi grande entreprise ?

A cette question, voici notre réponse. Elle nous oblige de mettre le pied sur le terrain de la politique intérieure; et ce n'est pas le moins triste côté de l'examen auquel nous nous livrons.

L'Opposition radicale, qui avait osé se qualifier d'irréconciliable, la Presse, ouvertement hostile au principe monarchique, de jour en jour plus actives, et plus hardies, l'esprit de la Capitale, attesté par le choix de ses députés, notamment par l'élection du pamphlétaire Rochefort (nonobstant la condamnation prononcée contre lui, laquelle rendait l'élection légalement nulle) : les oscillations du centre gauche, parti mixte, capricieux, plus adversaire que confiant ; les inquiétudes d'une majorité embarrassée de son rôle, et gênée dans ses mouvements, tous ces symptômes d'irritation de désagrégation et de troubles, avaient pour base la résolution commune de dépouiller l'Empereur d'une autorité sans limite. De toutes parts, le pouvoir personnel était mis en accusation ; la voix publique alléguait à cet égard, les fautes commises, la perspective éventuelle de nouvelles aventures sans gloire et sans profit. C'est qu'on se rappelait les guerres portées en Italie, en Chine, au Japon, surtout au Mexique. Elles avaient été si stériles, ou si malencontreuses, que le pays pouvait en déplorant le passé, s'inquiéter de l'avenir.

Napoléon III sentait son pouvoir ébranlé. Aux espérances, à la sécurité qu'avait généralement fait naître la fondation du second Empire sur les débris d'une république de hasard, avaient succédé d'autres sentiments. On était épouvanté de l'accroissement incessant des dépenses, scandalisé des proportions de certains traitements, d'autres prodigalités moins excusables; de l'élévation progressive de la dette publique; des subtilités à l'aide desquelles, à plusieurs reprises, la véritable situation financière avait été déguisée.

Bref, l'Empereur rencontrait sur son chemin un de ces revirements dans l'opinion, une de ces conjonctures naguère funestes au trône de Louis XVI, de Charles X, de Louis-Philippe; conjonctures sinon identiques du moins analogues en ce sens qu'à l'époque de ces trois règnes, la chambre élective disputa également à la Couronne un pouvoir et des droits, plus ou moins mal définis par les institutions du temps, et surtout peu en harmonie avec le sentiment national. Or, ces débats sont toujours plus contraires que profitables à la paix intérieure, à l'action gouvernementale, comme aux intérêts du peuple. Mais le mécontentement, fondé ou non, ne transige pas, ne calcule pas, ne s'arrête pas ; il parle, il se plaint, il crie, il s'agite, il se rue, il renverse. Et remarquons en passant, que si les Princes se montrent parfois trop impatients de toute opposition, trop jaloux d'une autorité qu'ils croient nécessaire, dans un ordre inverse les Assemblées délibérantes tendent invariablement à élargir le cercle de leurs prérogatives, les attributions de leur mandat. Comment les contestations, les secousses, ne naîtraient-elles pas d'un aussi grave antagonisme ? Une sage pondération, loyalement appliquée, est un problème qui n'a pas encore été résolu, en France. Le sera-t-il un jour ? Avec un peu d'optimisme, il n'en faut pas désespérer.

§

Quoi qu'il en soit, l'Empereur, après avoir exercé pendant quelques années un pouvoir dictatorial, avait reconnu que le moment était venu d'entrer dans la voie des concessions, dans cette voie glissante, sur cette pente rapide, qui ouvre au Parlement un droit d'examen, un droit de contrôle, par conséquent le droit, non-seulement de fixer les bases du budget, mais de se rendre, par une sanction ou par un refus, dispensateur des services publics, tuteur de la Couronne, maître des destinées du pays.

Les premières concessions, accueillies avec satisfaction, n'avaient pas tardé à paraître insuffisantes ; le Corps législatif ne sentait pas encore ses coudées assez franches : telle est la suite ordinaire de toute transaction entre le pouvoir exécutif et le pouvoir parlementaire ; la condescendance de l'un profite aux prétentions de l'autre.

Dans la situation présente, l'opposition,

enhardie par de premiers succès, avait acquis, dans le renouvellement de la Chambre, un accroissement de forces considérables. Son langage était d'une hauteur sans égale ; elle ne demandait plus, elle ne discutait plus, elle exigeait, elle eût dit volontiers : « *Nominor Leo.* » Et un discours plein d'audace avait tout à coup élevé son auteur, le député Gambetta, à la taille d'un nouveau Mirabeau, tant les esprits vont vite dans notre inflammable pays, dans ce pays où l'on se passionne pour une nouvelle étoile, pour un révolté qui attaque, et où l'on reste froid pour l'autorité légitime qui se défend. Pourquoi dois-je ajouter que des hommes, dont les intentions étaient droites, mais entraînés dans le mouvement général, ont fait l'appoint des irréconciliables ? Eux aussi, dupes, comme leurs devanciers de 1830 et de 1848 ; voulaient avertir, et non pas renverser... Hélas ! en concourant à limiter le Pouvoir, ils ont aidé au naufrage du principe monarchique : telles causes, tels effets.

L'Empereur se vit obligé d'aller plus loin ; et à un moment donné, l'Assemblée, encouragée dans son entreprise, l'assemblée, avide d'une définitive omnipotence, proclama (ainsi qu'un autre Parlement l'avait fait à l'égard du roi Louis-Philippe), ce fameux et révolutionnaire adage : « Le souverain règne et ne gouverne pas. » Qui donc gouvernera? Apparemment les Gambetta et les Rochefort.

Dès ce moment, le trône impérial était chancelant. Un roi qui descend de vingt rois, que nul ne songe à déposer, qu'on sert sans murmure, qu'on respecte par habitude, peut régner sans gouverner. Il en est tout autrement d'un Souverain qui ne tient qu'un sceptre collatéral, et dont les événements ont fait non pas un successeur, (quoique Napoléon III ait pu se revêtir de ce titre), mais un fondateur; ce Souverain-là, pour régner doit gouverner, parce que dans l'hypothèse contraire, la nouveauté de son pouvoir, celle des institutions établies à sa suite, les regrets, les espérances, les agitations, inséparables d'un règne qui commence, deviennent d'irrésistibles obstacles à sa durée.

L'Empereur ne s'est pas mépris sur la portée du danger, qui devenait chaque jour plus imminent; et l'histoire qui lui était familière, apprend que dans de semblables conjonctures, une diversion, telle qu'une guerre d'un caractère national peut raffermir l'esprit public, réunir les partis, enflammer les courages, aplanir les difficultés gouvernementales. — Peut-être s'est-il représenté Scipion, mis en accusation par le peuple romain, et s'écriant : « Citoyens, à quoi bon « tout cela? Montons au Capitole. Allons rendre « grâce aux Dieux, qui, à pareil jour, nous ont « fait remporter une mémorable victoire! » Et le peuple suivit.

C'est rempli de cette idée, et de cet espoir que, comptant sur l'incomparable élan de notre brave armée, Napoléon s'est jeté tête baissée au devant d'un ennemi redoutable en tous points, prêt, depuis longtemps, non-seulement à repousser une attaque, mais à prendre l'offensive, ennemi dont la jactance et la haine décupleraient les forces.

§

Nous avons succombé, non sans les consolations que donne à un noble pays le courage malheureux. Nous avons subi la loi du nombre, celle d'une organisation plus vaste, et plus puissante. La matière a triomphé de la valeur.

Le peu de sang qui nous reste dans les veines

ranimera-t-il notre vitalité ? réveillera-t-il notre patriotisme, trop longtemps engourdi dans les rêves de sécurité, de gloire, d'invincibilité qui nous ont bercés ! Dieu le veuille ! comme Scipion, nous pouvons rendre grâce aux Dieux des batailles. Que le ciel confonde un nouvel Attila, et les hordes sauvages, les bourreaux, les incendiaires, ses hideux satellites ! Lui aussi, le fourbe Guillaume, il invoque la Providence; il lui attribue ses victoires : laissons-le dire ! Sa Providence n'est pas la nôtre. La sienne est sur la terre, qu'il a frappée de son pied, et d'où ont jailli des légions de barbares; la nôtre est là-haut. Comme le Publicain, incliné sur le parvis du Temple, frappons-nous la poitrine ! Allons déposer nos prières aux pieds de Celui de qui découlent la résignation et la justice. Espérons que ses lèvres vont bientôt nous sourire, que sa main nous secourra, après nous avoir si lamentablement châtiés ; car, ô mon Dieu ! nous sommes encore vos enfants, et nous gémissons sous le joug de cette *nation impitoyable* dont parlent vos Livre-Saints.

Nation impitoyable, oui, oui. Hélas ! sa froide cruauté, sa rage satanique, n'ont que trop mutilé, hier encore, la malheureuse et noble ville de Châteaudun. Si ses larmes, si ses cendres ont été outragées par les Cimbres qui l'ont prise d'assaut, du moins il peut être utile qu'une plume indignée esquisse une partie du tableau de son martyre.

Le bombardement n'avait détruit que neuf maisons. Deux cents autres ont été incendiées à la main, après la reddition de la place. Plusieurs propriétaires ont été forcés, le pistolet sur la gorge, de mettre eux-mêmes le feu à leurs meubles, et à leurs habitations. D'autres, enfermés dans leur caves, y ont trouvé la mort, par asphixie. On a tué dans les rues, des citoyens sans défense, et tiré sur ceux qui s'éloignaient de ce théâtre d'horreur. Un notaire, dans lequel les Prussiens s'obstinaient à soupçonner, sous sa cravate blanche, un franc-tireur (quoiqu'il n'en eût guère l'encolure), avait été sommairement condamné à mort. Il n'a dû la vie qu'à d'actives et généreuses intercessions.

Le lendemain de la prise de la ville, il a été annoncé à son de trompe, qu'un pillage de deux heures qui en a duré six, ayant été accordé aux soldats, il était enjoint aux habitants d'ouvrir leurs maisons, pour en faciliter l'accès à la soldatesque armée de torches, de pétrole, de tous les instruments propres à une pareille œuvre. Avant que d'autres crimes aient fait pâlir ceux-là, publions-les, afin que le lecteur apprécie la conduite des misérables que le nord a vomis sur notre pays. — S'il y a encore une justice humaine, elle flétrira à jamais le nom de Guillaume, de cet homme qui, après avoir annoncé, dans une de ses impudentes proclamations, qu'il ne faisait pas la guerre à la nation française, mais seulement à Napoléon III, brûle nos villages, saccage et détruit nos cités, en enlève la population virile, égorge les braves citoyens qui les défendent, foule aux pieds le droit des gens, et les droits bien autrement sacrés d'une morale éternelle. La France le maudit, il déshonore son pays et son siècle; la postérité le marquera d'un fer rouge, instrument de ses œuvres.

§

Et maintenant, je le demande : y eut-il jamais un spectacle plus saisissant que celui qui se présente à nos yeux? Étreinte par trois fois, à Sedan, à Strasbourg, à Metz, dans un cercle infranchissable, notre belle et valeureuse armée est tombée tout entière entre les mains de l'ennemi. Eh bien! le pays se rend-il? Non. Il se lève, il s'arme, il marche, il accourt. Ses plus imberbes, comme ses plus mâles enfants, tous ont saisi le mousquet, pour la défense du foyer, pour le salut commun, pour l'honneur du nom français.

    Furor arma ministrat.

 Paris, la ville aux molles voluptés, est devenue grâce à ces bouillants gardes-mobiles, à ces intrépides marins, fiers de partager la gloire d'une magnifique résistance, Paris est devenu une forteresse peut-être inexpugnable, et nous ne voyons plus dans l'Eldorado d'une population béotienne, qu'une citadelle gardée par trois cent mille héros.

 Courage, donc, enfants! Courage, et confiance! Ne vous désunissez pas! soyez sur le qui-vive! Brûlez gaîment vos bonnes cartouches! Le monde vous regarde, et lorsqu'on tombe pour une sainte cause, on monte au Ciel.

    Nantes, 8 novembre 1870.

NOTA

SUR LA GUERRE FRANCO-ALLEMANDE.

L'opinion publique avait accordé, on ne sait pourquoi ; peut-être à cause de sa vanité présomptueuse, des talents supérieurs au général Trochu, déserteur passé à l'ennemi avec armes et bagages, traître aux engagements qu'il avait solennellement pris, comme soldat, comme chrétien, comme Breton.

Rien n'a justifié la confiance qu'il avait inspirée. Il l'a déçue sous le double rapport de la direction et des résultats de la défense qu'il avait acceptée ; et ce qui a mis le comble à sa déconsidération, c'est de s'être débarrassé de la responsabilité du commandement, alors que la résistance devenait impossible.

Ce n'est pas de la sorte que Masséna se conduisit au siège de Gênes ; le général Rey, à Saint-Sébastien ; le général **Rapp,** à Dantzig.

FRANCE ET PRUSSE

DEUXIÈME PARTIE

Le cours des événements a emporté avec eux les dernières espérances que notre premier écrit laissait entrevoir, et nous avons bu le breuvage jusqu'à la lie. En effet, l'investissement de Paris, auquel les éléments de la résistance ne permettaient pas de mettre un terme, a eu pour résultat une capitulation que rendaient inévitables, d'une part les privations des assiégés, de l'autre, la fermentation, l'indiscipline, la furie démagogique, qui s'étaient emparés à la fois d'une population fiévreuse, et de ses tristes défenseurs. — Il fallait se rendre.

L'armée allemande a traversé triomphalement

la Capitale dont elle ne s'était pas emparée. Si son orgueil a été satisfait, Paris a bientôt ajouté au bilan de nos désastres la page la plus odieuse et la plus criminelle qui ait pu souiller les annales d'une nation. Car, à peine l'armée victorieuse avait-elle pris position hors de Paris, que la Ligue Internationale s'emparant du pouvoir, sous la dénomination de *Commune*, et s'appropriant les moyens de défense inutilement accumulés jadis sous la direction de l'autorité militaire, proclamait la déchéance du Gouvernement établi à Versailles; et cette nouvelle édition du 4 Septembre, non moins funeste, mais plus logique que la première, allait donner le spectacle d'une guerre civile, plus énergique que la défense opposée à l'étranger. Ce spectacle, (*Infandum!*) a duré jusqu'au moment où un effort suprême de la civilisation a arrêté le torrent des forfaits qui ont ensanglanté, déshonoré leurs auteurs.

Il était temps, grand Dieu! Quelques jours encore du règne de la Commune, et l'incendie général de la ville aurait enseveli sous des montagnes de cendres, d'incalculables richesses. Eh quoi! les barbares en renversant, en brûlant les monuments les plus splendides et les plus glorieux, ces hommes n'étaient donc pas rassasiés d'infamie ! — Non, il leur fallait l'anéantissement de la reine des cités. Jamais, on peut le dire, projet plus satanique n'a été conçu dans un but plus gigantesque.

Et voilà le fruit, voilà l'enfant du principe révolutionnaire. On l'invoque, on l'appelle, on le vante, on le caresse depuis plus d'un demi-siècle. Oui, il est là, vivant, debout, adulte, cet enfant de vos œuvres. Contemplez-le, vous tous, fauteurs et complices, scélérats de mélodrame, niais de comédie, bourgeoisie vaniteuse et inepte, le voilà. Allaitez-le bien, avec le sang des martyrs égorgés à la Roquette, pour qu'il devienne fort, comme Danton, sans pudeur comme Marat, hypocrite comme Robespierre. Ne sont-ce pas là les modèles qui fascinent vos yeux ?

§

S'il faut déplorer, s'il faut maudire de pareilles horreurs, elles n'ont rien qui doive nous étonner. Le désordre engendre le désordre, les crimes engendrent les crimes, les révolutions engendrent les révolutions. Ces trois fléaux, le désordre, les crimes, les révolutions, nous les avons entassés, sans en tarir la source. Nous avons négligé, oublié, exilé tout ce qui maintient les hommes dans la bonne voie. Nous avons essayé de tout, sans nous accommoder de rien. Nous succombons sous le nombre de nos constitutions et de nos lois. Tournant invariablement dans un cercle vicieux ; détruisant aujourd'hui, construisant demain, renversant de nouveau, réédifiant encore, avec de puériles modifications, et ne nous appliquant qu'à une chose, à rendre le Pouvoir impuissant. Nous avons aboli les institutions, les traditions qui avaient fait de la nation française une nation grande et honorée, par sa bravoure, par son industrie, par ses arts, par sa science, par sa littérature, par la délicatesse de ses mœurs, par l'urbanité de ses manières, par le charme de sa conversation, par tout ce qui distingue une exquise civilisation.

Qu'est devenu tout cela ? Nous avons préféré le sans-façon à l'élégance, le cigare à la politesse, le demi-monde à la famille. Dans un autre ordre de choses, nous avons joué au Spartiate, en empruntant sa rudesse, sans acquérir sa virilité. Nous avons copié les États-

Unis d'Amérique, dans ce qui convenait le moins à notre caractère, à nos besoins, à nos habitudes ; et, réunissant à la démoralisation des peuples anciens, celle des nations modernes, nous nous sommes jetés, à corps perdu, dans les sophismes, dans les aberrations, dans les excès, dans les folies, dans les indignités que le matérialisme et l'impiété peuvent susciter au genre humain.

§

A tel arbre tel fruit. La première révolution, qui porte à son frontispice les funèbres années 1792 et 1793, a procédé par les proscriptions, les confiscations, la terreur, la guillotine, et les massacres.

La seconde, celle de 1848, en alléchant la démagogie, a fait éclore les journées de Juin, qui ont coûté à une armée improvisée plus de sang généreux que la plus meurtrière des batailles.

La troisième, celle de 1870, en déposant un souverain trahi par la fortune des armes, a bientôt enfanté, quoi ? — la *Commune*! monstre altéré de tous les genres de forfaits, instrument de cette Ligue infernale qui, en décrétant d'incendier la France entière a proclamé le pétrole comme le dernier terme de ce qu'elle appelle le progrès et les lumières.

Tels ont été dans notre pays le caractère et les exploits du régime républicain. L'Histoire dira si les dix-sept siècles qu'a traversés la France monarchique ont fait peser sur sa tête les malheurs et les crimes, œuvres des dix-sept années de république, et des quatre-vingt-deux années de troubles, de guerre, d'humiliations et de ruines, qui nous séparent de la fameuse séance du Jeu de Paume.

Et, qu'on me permette une réflexion. En moins d'une heure, la main du bucheron abat un chêne séculaire. Détruire est facile, et l'affaire d'un moment, la cognée peut y suffire. Mais, pour construire les monuments égyptiens, indiens, grecs et romains, il a fallu des siècles. Pour établir et faire respecter les lois, non-seulement il faut des Lycurgue, mais un peuple à la hauteur de leur sagesse, un peuple soumis à leur autorité. Sommes-nous un tel peuple?

Hélas! vous entendez dire que l'indiscipline du soldat, l'esprit de dénigrement de l'officier, ont singulièrement contribué à nos récents désastres. Comment l'armée se serait-elle préservée de l'indiscipline lorsque l'insubordination est partout, lorsque nous la voyons encouragée, préconisée, professée par une presse incendiaire et lorsque nous voyons s'en imprégner notre frivole, susceptible, impatiente et vaniteuse nation? Dans l'armée, les baïonnettes, dites *intelligentes*, les sarcasmes dirigées contre le *chauvinisme*, ont tué l'obéissance. Dans la population, les émancipations de tous genres ont développé une licence instinctive, un esprit de révolte, mortels à tout pouvoir recommandable, à toute organisation sociale, à tout repos.

§

Sommes-nous destinés à tomber dans un gouffre sans fond, comme l'a prédit un trop habile et trop heureux diplomate, le comte de Bismarck, toujours prêt à nous y jeter? Ne renaîtrons-nous pas à la vie, à une vie calme et honorable? Ne remonterons-nous pas le cours de nos illusions, de nos erreurs, et de nos fautes! Nous rappellerons-nous de grandes vérités?

Renonçant au faux encens, servirons-nous le vrai Dieu ? Si l'aurore d'une telle transformation venait tout à coup à se lever devant mes yeux, quelles consolations n'apporterait-elle pas à mes derniers jours. Je n'aurais plus de larmes à verser, et j'oublierais ces quelques vers que nos révolutions m'ont jadis inspirés :

> O mon pauvre pays ! Dans un rêve insensé
> Seras-tu toujours sourd aux leçons du passé ?
> Les générations paraissent, se remplacent,
> Sans que tes passions et tes erreurs s'effacent.
> Ah ! si les égarés revenaient au Seigneur,
> Il leur départirait la paix et le bonheur. »

Verneuil, juillet 1871.

NOTICE BIOGRAPHIQUE

SUR M. LE BARON BLANQUART DE BAILLEUL

ANCIEN MAIRE DE CALAIS,
MEMBRE DE L'ASSEMBLÉE DES NOTABLES,
DÉPUTÉ DU PAS-DE-CALAIS ET QUESTEUR AU CORPS LÉGISLATIF,
VICE-PRÉSIDENT DE LA CHAMBRE DES DÉPUTÉS,
PREMIER PRÉSIDENT DE LA COUR DE DOUAI.
NÉ A CALAIS, LE 17 AVRIL 1768, MORT A VERSAILLES
LE 3 JANVIER 1841.

Débris octogénaire d'une nombreuse et honorable famille, je ne veux pas fermer les yeux sans avoir puisé, dans de chers souvenirs, le récit simple, véridique, de la carrière de mon père, carrière à laquelle n'a manqué aucun genre d'estime. Et n'est-ce pas une chose bien digne de remarque, lorsque l'étrange panorama des événements qui se sont déroulés en France, dès l'année 1789, a compromis tant de réputations ? Une vie publique irréprochable, une conduite droite et pure, ne désarment pas toujours la malignité. Par une heureuse exception, dont nous ne saurions trop reconnaître le prix, les écrivains qui ont retracé l'histoire de la fin du xviiie siècle, et du commencement du xixe, ont tous, sans exception, parlé avec respect de l'homme éminent dont je porte le nom.

Le baron Blanquart de Bailleul, né en 1758, était le troisième fils de « M. Henry Joseph Blan-
« quart, écuyer, seigneur de Sept-Fontaines,
« Lamotte, Bailleul, et autres lieux ; conseiller
« secrétaire du roi, maison et couronne de
« France; procureur de Sa Majesté au siège de
« la Justice générale de Calais, et pays reconquis (1).

Il avait trois frères et une sœur, tous d'un véritable mérite. L'aîné avait pris le nom de Blanquart de Sept-Fontaines ; le second, le nom de Blanquart de la Barrière; le troisième, le nom de Blanquart de Bailleul ; le quatrième, le nom de Blanquart des Salines. Leur sœur avait épousé M. Emmery, consul de Suède à Calais.

M. de Sept-Fontaines, savant de premier ordre, correspondant de l'Académie des sciences, ami de l'astronome Lalande, et de l'illustre Lavoisier, est mort aveugle, dans un âge avancé. — M. de

---

(1) Ce détail est emprunté à un acte de vente passé par un notaire de Dunkerque, le sieur Icasesseaume, le 4 juin 1782.

la Barrière, procureur du roi, à Boulogne, a porté sur l'échafaud la fidélité de ses sentiments politiques. Il a péri à Arras, où Joseph Lebon fauchait en grand. — M. Blanquart des Salines de Lamotte, doué d'un esprit fin, original et orné, qui rappelait à la fois La Fontaine et La Bruyère, a laissé deux fils dignes de leur père. L'aîné, mort en 1871, était revêtu de la dignité de protonotaire apostolique, et décoré de l'ordre du Chapitre de Saint-Denis ; l'autre s'est distingué dans la carrière de l'administration des Postes. — Madame Emmery, pourvue d'une rare instruction, et d'un esprit charmant, a donné le jour à trois fils, dont la carrière trop courte, a été des plus brillantes. Le second, créateur de grands travaux publics, a transmis à son fils unique, éminent ingénieur comme lui, un nom qui sera longtemps honoré dans le corps des Ponts et Chaussées. — Quant à M. de Bailleul, une remarquable intelligence, une mémoire heureuse, de solides études, un goût exquis, des manières distinguées, avaient fait l'ornement de sa jeunesse, et préparé les succès de son âge mûr.

Marié, en 1788, à Barbe Antoinette Caroline Tellier de Blanriez, modèle des épouses et des mères, M. Blanquart de Bailleul a eu trois fils. L'aîné, ancien officier supérieur, est mort en 1865 ; le second, ancien intendant en chef de l'armée de Paris, et de la première division militaire, écrit à l'âge de quatre-vingt-trois ans, les présentes lignes. Le troisième, mort à la fin de 1868, a été successivement évêque de Versailles, archevêque de Rouen, chanoine de premier ordre de Saint-Denis, commandeur de la Légion d'honneur. Ses restes reposent dans la chapelle de la sainte-Vierge de la cathédrale de Rouen (1). C'est à l'occasion de son sacre, comme évêque de Versailles, célébré en 1833, à Notre-Dame de Paris, qu'on vit la main épiscopale qui venait d'être consacrée, donner, au grand attendrissement d'une immense assistance, sa première bénédiction à un vieillard agenouillé, et fondant en larmes ; ce vieillard était le père du nouveau prélat.

(1) Une pierre, trop modeste pour l'illustration du saint prélat, rappelle sa vie et sa fin, celle d'un martyr. — Ne nous plaignons pas de cette simplicité ! La magnificence d'un mausolée élève l'artiste plus que le défunt. Elle attire l'admiration des visiteurs, sans recommander à la piété des fidèles les mérites de celui qu'elle recouvre.

§

Peu après la naissance de son second fils, M. de Bailleul avait été appelé par la confiance de ses concitoyens, et par l'estime que ne pouvait lui refuser même un odieux gouvernement, aux redoutables fonctions de maire de sa ville natale. Alors magistrat, comme l'avait été son frère, M. de la Barrière, accoutumé au travail, aux difficultés d'un emploi public, et fort de sa conscience; son attitude, sa fermeté, ses services comme maire de Calais, ont empreint toute sa carrière d'une légitime et haute considération.

En ces temps d'anxiété, d'épouvante pour les honnêtes gens, de suspicion et d'oppression, de la part des autorités républicaines, il avait été établi, dans les villes d'une certaine importance, un emploi de commissaire général de police, espèce de proconsul, pourvu d'attributions à peu près sans limites. Un mot, un geste, un soupir, suffisait à lui devenir suspect, et naturellement tout ce qui décelait un attachement au principe monarchique était l'objet de la plus rigoureuse inquisition. C'est en face du grand inquisiteur résidant à Calais, le commissaire-général Maingot, que M. de Bailleul ne craignit pas de se montrer aussi généreux qu'énergique.

Les prisons regorgeant de détenus, il avait demandé, (cela s'accordait quelquefois), que sa propre maison fût convertie en Maison d'arrêt. L'autorisation qu'il obtint lui permit de recevoir, à titre de prisonnière, madame la comtesse de Talleyrand-Périgord, accusée de royalisme. Elle trouva dans mon père le digne geôlier d'une pareille criminelle. L'hospitalité la plus attentive, les soins les plus délicats, les plus constantes consolations, les sentiments les plus respectueux furent mis à ses pieds; et le séjour qu'elle fit au sein de ma famille aurait été pour la comtesse un moment de bonheur, s'il n'eût été attristé par la mort accidentelle d'un de ses enfants, et si un ordre de translation de la prisonnière, à Paris, n'était venu, comme un coup de foudre, menacer sa vie. Un expédient pouvait la sauver en gagnant du temps, savoir la déclaration d'une grossesse. C'est en vain que ses amis, à genoux, et baignés de larmes, la supplièrent d'articuler ce pieux mensonge; sa pureté, son honneur, s'y refusèrent, elle aima mieux partir:

elle partit en effet, laissant après elle des pressentiments que la hâche révolutionnaire se hâta de justifier.

§

Cependant, une nouvelle occasion de déployer le plus noble courage allait s'offrir à mon père. On sait que, fuyant une patrie sur laquelle régnait l'échafaud, beaucoup de grandes familles se résignaient à une pénible émigration. Un bâtiment chargé d'illustres noms, avait quitté la France, et se dirigeait vers l'Angleterre. Une épouvantable tempête jeta le navire sur la côte de Calais, et les naufragés se trouvaient entre la mort sous les flots, et le danger de tomber, sur le rivage, entre les mains du commissaire-général Maingot. — Voici en quels termes j'ai rédigé, il y a quelques années, une notice sur ce célèbre épisode.

« On doit regretter de voir s'effacer dans les
« familles la tradition des événements qui les
« ont les plus intéressées. Ce n'est pas précisé-
« ment leur insouciance qu'il en faut accuser
« mais plutôt la répulsion qu'on éprouve à se
« repaître de souvenirs douloureux. Un jour la

« mort survient, les contemporains disparaissent,
« emportant tout avec eux. C'est que les grandes
« commotions laissent après elles un invincible
« besoin de calme et d'oubli.

« Dans mon enfance, j'ai beaucoup entendu
« parler du naufrage des illustres émigrés qui,
« se dirigeant vers l'Angleterre, furent jetés sur
« les côtes de France, près de Calais. Je sais la
« part honorable, et digne d'être recueillie par
« l'Histoire, que mon père, comme maire de
« cette ville prit à leur salut, alors que l'efferves-
« cence révolutionnaire compromettait leur tête,
« et que le commissaire-général de police Main-
« got la demandait. Je sais que parmi les nau-
« fragés se trouvaient M. le duc de Choiseul, et
« M. le prince de Poix. Aussi lorsque bien des
« années plus tard, je fus présenté, au château
« de Mouchy, à la petite fille du prince, ma-
« dame la vicomtesse de Noailles, femme aussi
« distinguée par son esprit et ses sentiments que
« par sa naissance, elle me reçut avec une grâce
« infinie: « *Soyez le bienvenu, Monsieur*, me
« dit-elle; *je suis tout heureuse de faire accueil*
« *au fils du sauveur de mon grand-père.* » —
« Je sais encore qu'en 1808, mon père député
« au Corps Législatif, ayant été désigné par

« l'Assemblée comme un des candidats à la ques-
« ture, l'Empereur, à l'une de ses audiences du
« dimanche, lui dit avec une bienveillance mar-
« quée : « *Monsieur, vous avez été maire de
« Calais. Je sais quelle a été votre conduite
« dans des temps que je ne veux pas rappeler, et
« notamment dans l'affaire des naufragés :
« VOUS ÊTES QUESTEUR.* Et depuis, le roi Louis
« XVIII, à raison des mêmes circonstances, ne
« fut pas moins bienveillant.

« Mes souvenirs ne me retracent rien de plus
« précis. Les dates, la liste complète des noms,
« les détails relatifs au débarquement, au procès
« des naufragés, (mentionnés vraisemblablement
« au journal officiel de l'époque), échappent
« tout à fait à ma mémoire, et peut-être les ai-je
« toujours ignorés. Il ne m'est resté de parfaite-
« ment présent que l'énergie et le talent avec
« lesquels M. Gosse, avocat général à Douai, a
« secondé, pour leur succès, les efforts de mon
« père.

« Ainsi, dans ces temps affreux où il suffisait
« d'une vertu pour être compromis ; à côté des
« lâchetés et des fureurs qu'ils ont mises au
« jour, on a eu la satisfaction de voir des
« hommes se dévouer au malheur, le défendre,

« et quelquefois triompher de tous les obstacles.
« C'est que la religion et l'honneur, profanés
« par des monstres, n'étaient point déracinés en
« France, et que leurs rejets ont conservé
« intacte une sève bienfaisante.

« Cher et noble pays, si souvent battu par la
« tempête, si souvent prêt à sombrer, *Dieu te
« protège,* tu ne périras pas. Mais veuille le
« Ciel t'épargner désormais les terribles se-
« cousses qui, en ébranlant tes fondements, ont
« failli t'engloutir ! — Après soixante-quatorze
« ans de péripéties, entremêlées d'un calme
« éphémère, sois préservé de nouvelles épreuves!
« *Tout est possible,* dit l'immortel testament de
« Louis XVI, tout est possible, à cause des
« *passions des hommes.* » Oui, tout est possible,
« le bien, comme le mal. Inclinons du bon côté !
« Que les honnêtes gens se rallient sous l'éten-
« dard des éternels principes de la probité, de
« la sagesse, et de la Foi! Qu'ils serrent leurs
« rangs, et le bien l'emportera. »

Verneuil, 1863.

§

Voilà ce que j'écrivais, il y a dix ans : voilà quels étaient mes vœux, mes espérances, autant d'illusions, cruellement dissipées par la révolution de 1870. — Nul ne lit dans l'avenir, et souvent les événements les plus graves sont précisément les plus imprévus.

Mais, pour l'ordre des faits, il convient de ramener le lecteur où l'a laissé le naufrage des émigrés.

Après des secousses, après des horreurs sans nom, la France respirait sous l'autorité d'un soldat illustre, dont le génie avait compris la situation. Il lui avait fallu faire table rase des vestiges de 93 ; tout était à reconstituer, il ne recula devant aucune entrave. Imposant silence aux Jacobins, aux utopistes, (sous le nom ironique d'*idéologues*), même au fameux Sieyès ; recherchant l'aide de toutes les capacités sans tache, appliqué à fonder un nouveau gouvernement, le général Bonaparte, premier consul, n'avait pas hésité à consulter les *notables* de la nation. C'était renouveler hardiment la conduite de Louis XVI, dont la confiance et la loyauté furent payées de la plus coupable ingratitude.

M. de Bailleul fut appelé, à titre de notable du département du Pas-de-Calais, à figurer dans cette assemblée *consultative,* dont la grande majorité formula le vœu du rétablissement du principe monarchique. Il est donc permis d'établir que ses dispositions ont pu encourager les vues du premier consul, à l'égard du pouvoir souverain : tant il est vrai que l'existence de ce pouvoir est toujours une garantie d'ordre et de sécurité, une planche de salut. Sur ce point, les plus subtiles théories du monde tombent devant l'évidence.

Cependant, la Constitution du moment comportait la coopération aux pouvoirs publics des Assemblées ci-après :

1° Un Sénat conservateur, c'est-à-dire protecteur de la Constitution.

2° Un tribunal, pourvu d'attributions mi-politiques, mi-législatives, rouage plus surabondant qu'utile ;

3° Enfin, un Corps législatif, formé par le Sénat, sur une liste de candidats élus par les départements. C'était l'élection pure et simple, à deux degrés, la plus favorable évidemment à la stabilité des États. Le Corps législatif, était renouvelable, par cinquième, chaque année. Il avait pour attribution spéciale le vote des impôts, indépendamment de sa participation au vote des lois.

En 1802, il fut procédé à la formation du Corps législatif. Le département du Pas-de-Calais devait y être représenté par quatre députés. Le choix du Sénat, sur une liste de douze candidats, se fixa, dans l'ordre suivant, sur MM. Bruneau de Beaumetz, ancien magistrat, grand propriétaire ;

Blanquart de Bailleul, ancien magistrat, ancien maire de Calais ;

Francoville, ancien membre de l'Assemblée Constituante ;

Gosse, ancien avocat-général à Douai, le même qui eut avec M. de Bailleul, l'honneur de sauver les illustres naufragés. On peut apprécier par ces choix l'esprit de sagesse qui inspirait alors les tendances et les actes du gouvernement consulaire.

Successivement réélu par son département, au fur et à mesure de la sortie de la série à laquelle il appartenait, M. de Bailleul y avait acquis une consistance égale à son mérite. C'est à la supériorité de son caractère et de son aptitude administrative, qu'il dût d'être appelé, deux fois, à la questure. Distingué par l'Empereur, et décoré, en 1809, il fut créé baron de l'Empire en 1811.

§

1811! Quelle année de grandeur pour la France! L'Europe était à nos pieds; Rome, Amsterdam, Hambourg, étaient des chefs-lieux de départements français; Napoléon était Empereur et Roi, protecteur de la Confédération du Rhin, médiateur de la Confédération Suisse, trois couronnes décoraient le front de ses frères; l'impératrice venait de donner un fils au moderne Charlemagne; notre armée était sans rivale; et les caves des Tuileries recélaient une réserve de huit cent millions en or. Avec de telles faveurs de la Providence, et le génie des batailles, comment Napoléon n'aurait-il pas rêvé l'Empire universel.

Mais la fortune, cette infidèle aux amants qui en abusent, allait changer de face. La funeste guerre de 1812, en laissant quatre cent mille cadavres sous les neiges de la Russie avait rapproché les éléments d'une formidable coalition : l'Europe se levait en masse. — 1813 apparaissait, trouvant la France sur une chanceuse défensive ; et les immenses dépenses qu'elle avait faites allaient donner une importance exceptionnelle à sa situation financière. Enfin, l'Empereur, dont la correspondance prouve qu'il était le plus prévoyant et le plus habile des financiers, voulait compter de près avec lui-même et avec l'avenir.

D'après les dispositions spéciales qui réglementaient le Corps législatif, les commissions nommées par l'Assemblée étaient ses seuls organes autorisés à discuter la situation de chaque département ministériel ; mais naturellement la Commission des finances avait pour office de présenter un travail d'ensemble ; elle était par conséquent d'une haute importance : l'Empereur s'était réservé la nomination des présidents des Commissions ; ils en devenaient les rapporteurs. M. de Bailleul, comme membre de la Commission des finances pour la session de 1813, avait toute la confiance de l'Assemblée ; un autre nom, celui du comte de Molérus, financier estimé, en Hollande, (et la Hollande était depuis peu réunie à la France), avait pourtant attiré l'attention du souverain.

Il y avait là une considération politique, et M. de Molérus fut appelé à la présidence de la Commission. Cependant, quelque habile qu'il eût pu être à Amsterdam, il était parfaitement en droit de se sentir embarrassé en face de la situation financière de la France, et son rôle de président-rapporteur devenait difficile. Avec le plus louable désintéressement M. de Bailleul lui vint en aide, derrière la coulisse, et mit au jour un travail si lucide, si complet, si satisfaisant, que l'Empereur, informé de cet incident, envoya à l'auteur la décoration de l'Ordre de la Réunion, dont le ruban bleu de ciel accompagnait agréablement le ruban incarnat de la Légion d'Honneur.

§

Que ne puis-je maintenant imposer silence à mes souvenirs, et aux accents de ma voix ! Jadis, la renommée avait fatigué le monde de l'éclat de nos triomphes, elle va lui porter le bruit de nos revers. Un glorieux empire est près de s'écrouler, et l'homme qui le fit si grand mourra, captif, sur un rocher lointain :

Sic transit gloria mundi.

En effet, dès les premiers jours de 1814, à l'Est et autour de la Capitale, les armées des souverains du nord cernaient Napoléon, dont le génie se multipliait et s'épuisait en vain contre des forces accablantes. — Au midi, l'armée anglaise, après avoir franchi les Pyrénées, avait livré, à Toulouse, une bataille heureuse ; enfin, du côté des Alpes, les Autrichiens, entrés en France par la Suisse, avaient battu le vieil Augereau, et occupaient déjà Lyon.

L'aigle était blessée, elle perdait tout son sang, elle allait succomber. Cette Europe, naguère vaincue, aujourd'hui victorieuse, imprimait à sa victoire un caractère terrible, en déclarant, à Paris même, qu'elle ne traiterait pas avec Napoléon Ier ; et tandis qu'il abdiquait à Fontainebleau, les souverains, ses vainqueurs, suscitaient l'appel au trône du comte de Provence, en droit successeur de son neveu, mort au Temple, le jeune Louis XVII, fils de Louis XVI.

§

C'était une révolution, ou plutôt une contre-révolution; c'était se replacer au 22 janvier 1793; c'était rayer de la course du temps vingt années d'agitations, sans effacer leurs fautes et leur grandeur, léguées désormais à la postérité.

Surpris et satisfaits, les esprits sages avaient accepté avec confiance, dans le retour du pouvoir traditionnel, ce Roi philosophe, un peu sceptique, mais ferme, et d'une haute intelligence, qui pouvait donner à la France de solides institutions, la paix, et des gages de prospérité.

Le nouvel état de choses réveilla chez M. de Bailleul les sentiments de sa famille, et de sa jeunesse, sentiments honorables qui ne pouvaient le tromper. — Président de la députation chargée d'aller, à Calais, recevoir le Roi, venant d'Angleterre, heureux d'une pareille faveur, il s'en montra digne, à ce point que Louis XVIII, qui, à tous égards, avait le droit d'être difficile, en a toujours gardé le plus bienveillant souvenir. C'est sans doute à cette circonstance que mon père dût l'honneur d'être nommé membre de la fameuse Commission à laquelle fut dévolue l'élaboration de la Charte Constitutionnelle de 1814, œuvre saine et tutélaire, édifice dont le renversement a couvert le pays de ruines, non encore relevées. — Mais la distinction dont M. de Bailleul avait été l'objet, de la part du gouvernement royal, devait attirer l'attention du gouvernement impérial des Cent-Jours, et mon père crut opportun de se soustraire à des recherches, durant cette période, jusqu'au retour du Roi, au mois de juillet 1815.

Rendu à ses fonctions législatives; nommé, en 1816, procureur-général près la Cour de Douai, et président du grand Collège électoral du Pas-de-Calais; appelé plus tard, à la vice-présidence de la Chambre des députés; dans toutes les situations de sa vie publique, M. de Bailleul n'a cessé de déployer ce sens droit et judicieux, cet esprit à la fois élevé et pratique, cette indépendance de caractère, ce labeur, ce zèle réfléchi, qui ne coûtaient pas plus à son expérience qu'à ses sentiments. Tour à tour soutien, ou adversaire des cabinets qu'il a vu paraître et disparaître, constamment réservé à l'égard des illusions dont on se berçait au pavillon de Marsan, avec la tolérance, et peut-être avec l'approbation de Monsieur, Comte d'Artois, (depuis Charles X), nul ami de son roi et de son pays n'a servi l'un et l'autre avec plus de loyauté, de désintéressement, et de modestie, que cet homme d'élite, que cet homme de bien, dans lequel je pleure le meilleur des pères. Il a fermé les yeux comme il avait vécu, avec le calme du sage, et la Foi du chrétien.

Verneuil, le 27 janvier 1874.

Le Baron DE BAILLEUL.

SOUVENIRS DU RÈGNE

DE

NAPOLÉON PREMIER

Situation de la France sous le Directoire. — Avènement du général Bonaparte au Consulat. — Rétablissement du Culte. — Le Concordat. — Les Codes. — Conspirations. Machine infernale. — Les Royalistes compromis. — Le Duc d'Enghien. — Effet produit par sa mort. — L'Empire projeté. — Proclamation de l'Empire. — Le Couronnement. — L'Armée au Camp de Boulogne. — Institution de l'Ordre de la Légion d'Honneur. — Guerres de 1805. — Ulm. — Austerlitz. — Guerre de 1806. — Iéna. — Entrée à Berlin. — Conspiration d'Atsfeld. — Guerres de 1807. — Eylau. — Friedland. — Entrevue sur le Niémen. — Erfurt. — L'Espagne. 1807, 1808, 1809. — Guerres d'Autriche. 1809. Essling. Wagram. Znaym. — Le Divorce. — Le Mariage. — Naissance du Roi de Rome, 1811. — Situation de l'Europe avant la campagne de Russie. — Dispositions prises en vue de cette campagne. — Résolution de l'Empereur de Russie. — Ouverture de la campagne. — Passage du Niémen. — Wilna. — Witepsk. — Smolensk. — Marche sur Moscou, par Mojaïsk. — Bataille de la Moscowa, ou de Borodino. — Entrée et séjour à Moscou. — Retraite.

PRÉFACE

N'y a-t-il pas quelque témérité à reproduire sous la forme d'un poème, des souvenirs de ma jeunesse? à rappeler un temps d'agitations, de grandeurs et de désastres? La France, Napoléon, ont été les acteurs de ce drame ; et, avant qu'épuisés de fatigues et de gloire, ils aient succombé sous le nombre, quels traits d'héroïsme, quels prodiges n'ont pas illustré cette gigantesque époque? Eh quoi ! elle n'embrasse qu'une période de quinze ans, et elle fonde un siècle !

Pour la faire apprécier, aujourd'hui qu'elle n'a plus que de rares contemporains, aujourd'hui qu'elle est déjà de l'histoire rétrospective, dont nos jeunes générations n'ont peut-être que des notions confuses, il est à propos que les survivants en mettent le tableau sous leurs yeux.

Qu'on ne s'y trompe pas : les commentaires, les mémoires, les documents, ont beau concourir à rendre une physionomie qui a perdu ses traits, ils n'y sauraient complètement parvenir. Mais lorsqu'un homme a vécu dans le temps qu'il décrit, lorsqu'il a connu, qu'il a servi un règne, cet homme trouve, dans ses souvenirs, des faits, des particularités, des certitudes, que ne remplacent ni la tradition la plus étudiée, ni le talent le plus éminent.

Je ne citerai qu'un exemple et qu'un auteur, à l'appui de cette réflexion, mais cet auteur et son ouvrage ont une grande valeur : M. Thiers, pour composer son *Histoire du Consulat et de l'Empire*, a eu à sa discrétion des sources inespérées, des communications, interdites à tout autre. La haute position qu'il avait occupée, sa réputation comme orateur, comme écrivain de premier ordre, lui ont ouvert tous les salons, toutes les bibliothèques, toutes les chancelleries, toutes les opinions, toutes les nationalités ; et il y a puisé des matériaux que nul n'a explorés avec la même liberté, par conséquent avec les mêmes avantages.

Comment se fait-il, cependant, que des événements dont il s'est rendu l'éloquent narrateur, que des personnages dont il s'est fait le peintre studieux, soient, aujourd'hui même, jugés différemment par leurs derniers contemporains ? — C'est que M. Thiers *n'a pas vu ;* c'est qu'il y a quelque chose, c'est qu'il y a quelqu'un, entre ces événements, entre ces personnages, et lui ; c'est qu'il a dû s'en rapporter à des éléments intermédiaires, s'appuyer sur des données qui ont manqué d'exactitude ou d'impartialité.

Il y a loin de ces sources, quelque respectables quelles soient, au témoignage direct d'un homme qui, ayant conservé son intelligence, peut dire avec La Fontaine :

« J'étais là, telle chose m'advint. »

L'autorité d'un pareil témoin est immense ; et ne sait-on pas que plus nos souvenirs sont lointains, plus ils sont fidèles ?

Il faut le reconnaître : en dehors de cette voie l'histoire s'écrit dans l'obscurité ; et, (sans le vouloir, peut-être aussi sans chercher assez à l'éviter), l'auteur compose, si ce n'est un roman, au moins un ouvrage qui s'en rapproche. Il aura orné les situations de textes apocryphes, d'entretiens qui ne sont que sa propre interprétation ; trop heureux si nous ne rencontrons pas d'incroyables invraisemblances, qui mériteraient qu'on dît à l'auteur : « donnez-vous moins de peine, prenez moins sur vous, et soyez vrai. Le récit simple et succinct, s'il n'est pas nécessairement le plus élégant, est toujours le préférable. »

Ainsi, le saisissant ouvrage de M. de Ségur, sur la campagne de 1812, livre qui a eu un prodigieux retentissement, s'il retrace des tableaux d'une douloureuse vérité, fourmille de citations, de dialogues, évidemment ajustés par l'auteur. Eh bien ! je le déclare, ce n'est plus là de l'histoire; c'est l'histoire arrangée, brodée, d'une main plus ou moins délicate, dans un esprit plus ou moins ingénieux. La véritable histoire est un canevas qui ne souffre ni le travail d'une aiguille de fantaisie, ni l'invasion d'une fausse couleur.

§

Maintenant, un mot sur le héros des pages qu'on va lire.

Le général Bonaparte, après ses immortelles campagnes d'Italie, devenues une école pour les stratégistes du monde entier, avait acquis une réputation militaire colossale. — Avec une poignée de soldats, intrépides, il est vrai, mais sans pain, sans vêtements, sans souliers, il avait successivement détruit cinq armées autrichiennes, parfaitement organisées, d'une bravoure, d'une discipline, d'une instruction incontestables. Il avait dicté, à Léoben, et à Campo-Formio, les conditions de deux traités de paix qui donnaient à la République française un accroissement de force et d'influence considérable.

Comme capitaine, on accordait donc au général Bonaparte une supériorité transcendante. Mais une autre épreuve, un autre théâtre attendaient son génie. Bientôt appelé au pouvoir, à la dignité de Premier-Consul, sa pénétration, sa fermeté, sa connaissance de l'esprit public, celle des plus pressants besoins de la nation, avaient promptement triomphé de l'anarchie, rassuré les honnêtes gens, fait renaître la confiance. On le vit, en effet, aussi grand organisateur qu'il s'était montré grand capitaine. C'est alors que, d'un pôle à l'autre, cet homme conquit un renom sans égal. — Au témoignage des contemporains, et de tous les historiens, indistinctement, aux yeux de tout observateur sérieux, l'époque du Consulat, durant laquelle tout était à créer, ou à refaire, cette époque, hérissée de difficultés incalculables, en proie aux menées, aux attaques des partis hostiles au nouveau pouvoir, doit être regardée comme un monument inouï d'habileté politique et administrative, comme une période de résurrection, de prospérité, d'intégrité, et de bien-être. La Terreur avait été un abîme, le Consulat devint une renaissance. Dans la suite, Napoléon fut plus puissant, jamais plus grand, plus admiré. Il semblerait que les jeunes pouvoirs, de même que les jeunes hommes, ont quelque chose de pur et de noble, que rien ne remplace, et que le temps oblitère.

Mais la marche des événements domine parfois les situations. — S'il est vrai que la forme, encore républicaine, du gouvernement de la France, sous le Consulat, n'ait pas été un obstacle à sa grandeur, les vœux de la nation en faveur d'un retour au gouvernement monarchique n'étaient pas douteux. On comprenait qu'il fallait, ou que le Premier-Consul devînt un autre Monck, ou qu'il ceignît la couronne. Seuls, les démocrates les plus systématiques, et les plus compromis par leurs actes, durant la tourmente révolutionnaire, contrecarraient les aspirations générales. Mais leur opiniâtreté n'avait aucune portée, leurs personnes aucun crédit; le fameux Sieyès, lui-même, était tombé dans l'oubli, et l'auteur du présent écrit se rappelle encore, non sans émotion, avec quelles espérances les familles décimées par la guillotine entrevoyaient dans l'élévation du Premier Consul à une dignité souveraine, le rétablissement définitif de l'ordre ; et, pour tout dire, une digue contre d'effrayantes réactions.

C'est que la nation ne demandait qu'une chose : *vivre,* sous un gouvernement protecteur.

De nos jours, l'échafaud ne se dresse plus que pour les criminels, et l'on s'exerce à discuter avec les Souverains certains pouvoirs, certains droits. On les voudrait pour les peuples, on les dispute aux Rois. Les heureux jours ! puissent-ils durer ! Tant que la polémique ne soulève pas les passions et les masses, elle ne tue personne. Mais après que le bourreau s'est lassé de trancher d'illustres têtes ; quand l'élite d'un pays a été égorgée, assurément il est permis à ses débris de frémir à l'idée d'un retour vers de pareilles horreur.

Jeunes gens, écoutez-moi.

Il y a des dangers, des coups, qu'il faut craindre, il y a des maux, des infortunes, qu'il faut éviter. Ces dangers, ces maux, ces coups, ces infortunes, sont dans les flancs de toute révolution ; et lorsqu'une nation a passé par les atrocités qui ont souillé la France, tout soutien paraît légitime, toute planche de salut est un bienfait, tout port est la vie. Le premier besoin d'un peuple longtemps battu par les flots, *c'est un abri.* — Le reste est secondaire.

Fasse le Ciel, que vous n'assistiez jamais, ô jeunes gens! au spectacle d'une arène de misères et de sang.

Accepter un pouvoir tutélaire, c'est bien. L'étayer, le servir, c'est mieux. En travaillant pour lui vous travaillez pour vous, vous travaillez pour nous. Ne vous fiez qu'avec réserve, et connaissance de cause, au langage, aux doléances de la presse, aux flatteries qu'elle prodigue à la multitude; cela est toujours suspect, toujours dangereux, quelquefois fatal, notamment au sein d'une vieille nation. Songez-y. Les sociétés sont ce que sont les hommes; elles ne rajeunissent pas. Laissez la France avec ses sentiments monarchiques, avec des institutions, avec des traditions qui lui sont chères. Au fond, elle n'en veut pas d'autres. Et c'est pour avoir recouru à de funestes essais qu'elle a attiré sur elle et la foudre, et la faux.

Nul homme n'est parfait : Un Prince ne l'est point. Mais jamais il n'est injuste, de parti pris. — S'il pèse, il protège; s'il est doux, qu'on le bénisse!

Verneuil, 1865.

SOUVENIR DU RÈGNE

DE

NAPOLÉON PREMIER

SITUATION DE LA FRANCE, SOUS LE DIRECTOIRE.

La mort avait frappé ces fameux criminels,
Qui, du Dieu des chrétiens renversant les autels,
Et saturés du sang des victimes humaines
Semblaient du monde entier avoir ouvert les veines.
Le mérite, l'honneur, étaient moins suspectés,
L'ordre, une ombre de lois paraissaient respectés ;
La France, cependant, encor trop impunie,
Pour changer de destin changeait d'ignominie,

Au lieu de Robespierre, un multiple pouvoir,
Sur son siège avili ne pouvait point s'asseoir,
Tout était corrompu, tout, jusqu'aux mœurs publiques ;
Les traitants, achetant les secrets politiques,
Couvraient d'or le scandale, et ruinaient l'État,
En laissant marcher nu le malheureux soldat.
On avait vu naguère une femme impudique,
Infidèle à ses nœuds, comme à la République,

Sans honte sur un char parcourant la Cité.
Crier avec fureur : « Vive la Liberté ! » (1)
L'inutile réseau dont elle était voilée,
Sa nudité superbe, aussitôt adulée,
Avaient mis l'indécence au nombre des vertus,
Et d'indignes faveurs aux pieds d'obscurs Plutus.

Le Temple était encor en deuil de ses mystères ;
Ses Prêtres, dispersés aux rives étrangères,
Fuyant l'apostasie ou le fer des bourreaux,
Les piques, les mousquets, le sabre des cachots,
Rêvaient, dans leur exil, pour leur triste Patrie,
Un calme dont, hélas ! la source était tarie.
La grandeur, les talents, l'innocence aux abois,
Accusés d'incivisme, et placés hors des lois,
Sur leurs propres débris sans pilote et sans armes,
Dévoraient un pain noir arrosé de leurs larmes ;
Enfin, pour un bonheur encore inespéré,
Au sein de ce chaos rien n'était préparé,
Tandis que l'émigré, gémissant aux frontières,
Regrettait les foyers, le tombeau de ses pères,

Et que de tous côtés l'étranger débordant,
Par le bruit de ses flots annonçait un torrent.
Ah ! ce n'est pas ainsi qu'un grand peuple respire !
Il sent lourd un tel sort, s'il en connut un pire ;
Et la France, épuisée, en implorant les cieux,
Par grâce demandait enfin des jours heureux.

(1) Madame Tallien, depuis Princesse de Chimay.

AVÈNEMENT DU GÉNÉRAL BONAPARTE AU CONSULAT.

Un jeune homme, un soldat, d'illustre renommée,
Par le cœur un César, par la taille un Pygmée,
Que l'Univers entier, écho de ses exploits,
Proclamait un héros, et le vainqueur des Rois,
Avant que leur défaite, et que le diadème
Poussassent sa fortune à se perdre elle-même,
Cet homme, il apparaît en astre protecteur;
Tout s'incline, et bientôt son œil fascinateur.
Discerne les partis, les périls, les obstacles;
Il va donner au monde un de ces grands spectacles
Que l'histoire signale à la postérité.
Son titre de Consul, aux Romains emprunté
Imprime un sceau modeste au pouvoir qu'il s'arroge,
Ce qu'il dut à l'épée, il en revêt la toge,
Et prenant en ses mains l'ordre et la liberté
Il arrache la France à sa fatalité.

RÉTABLISSEMENT DU CULTE.

En effet, les Autels, cachés sous la poussière,
Se lèvent, radieux, à sa voix tutélaire;
Le déisme insolent, sans pudeur arboré,
Tombe sous les mépris d'un culte révéré;
Le peuple, agenouillé, tressaille à la parole

Qui monte du parvis jusques à la coupole,
Ah ! depuis trop longtemps il ne l'entendait plus :
Le crime eût-il osé lui prêcher les vertus !

LE CONCORDAT.

C'était peu de rouvrir, de repeupler les Temples ;
Il fallait désormais fonder d'autres exemples,
Ramener au bercail, à peine édifié,
L'Agneau pur, au Veau d'or partout sacrifié.
Dans les temps malheureux on regarde vers Rome :
C'est qu'à Rome, ô chrétiens, le fils de Dieu fait homme
A placé le dépôt de ce culte éternel
Qui, dans un faible corps voit un souffle immortel.
Nous allons retrouver dans un Traité sublime
Des principes Sacrés : Ils fermeront l'abyme
Qui, toujours entr'ouvert, en menaçant la Foi
Portait dans tous les cœurs un légitime effroi.
Le Saint-Père a signé. — Ce peuple redoutable
Qu'il a déjà béni de sa main vénérable,
Au nom du Concordat, il lui donne la paix,
La paix, après le Ciel le plus grand des bienfaits.

LES CODES.

C'était aussi trop peu que le Dieu des armées
Fût rendu, dans sa gloire, aux âmes alarmées.
Après tant d'anarchie, avec d'autres besoins
Les intérêts du peuple exigent d'autres soins :
Un pays est sans frein lorsqu'il est sans justice,
Et la main de Thémis doit être sans caprice.
Les coutumes, les us, consacrés autrefois,
Restés encor debout, n'allaient plus à ces lois
Dans un nouvel esprit récemment adoptées.
Les plus sages, souvent, sont les moins respectées,
Comme une œuvre des temps, par la foule accusés
De maux, qu'à dire vrai l'abus seul a causés,
Tandis que par l'effet d'un sentiment contraire
La nouveauté l'étonne, et parvient à lui plaire.

A la voix du Consul, au Louvre réunis,
Des hommes d'un savoir, d'un labeur infinis,
Qu'inspire un même but, qu'un zèle égal anime,
Et jaloux de tirer le pays d'un abyme,
Préparent ce Recueil, illustre monument
Dont les Romains ont seuls soupçonné l'élément,
En pénétrant partout, jusques aux antipodes,
Ce travail surhumain, qu'on a nommé les Codes,
Établit et distingue, avec ordre et clarté
Le droit, et le devoir, sources de l'équité ;

Le doute ne fait plus condamner l'innocence,
L'innocent ne craint rien, le crime a sa défense,
Et dans ces grands débats, dont la vie est l'enjeu,
Le Jury ne connaît que la justice et Dieu.

ESPOIR DE L'EUROPE.

Le commerce, les arts, les finances, l'armée,
Chaque branche importante, à son tour transformée:
Tout renaît et grandit sous ce ferme pouvoir.
Les rois, jadis tremblants, conçoivent un espoir
Qu'ils n'osent s'avouer; l'espoir qu'un tel génie,
Adversaire, comme eux, de cette tyrannie
Qui rendit odieux jusqu'à la liberté,
Raffermira leur trône et leur autorité.

CONSPIRATIONS. — MACHINE INFERNALE.

Inquiets, toutefois, les deux partis extrêmes,
Sans craindre qu'un forfait vienne à les perdre eux-
Dans un but opposé se rencontrent d'accord [mêmes]
Pour tenter d'étouffer, dans un pareil effort,
L'enfant dans son berceau, dans le berceau d'Hercule.
De gens sans foi ni lois quand un pays pullule
Le crime est à bon compte, et son rôle est puissant.
On cherche un assassin, l'on en trouvera cent;

Les auteurs du complot s'abstiendront de paraître,
Prêts à désavouer ou soutenir le traître,
Suivant que son poignard, ou qu'un char infernal,
Aura fait, ou manqué le coup lâche et fatal.
Ainsi, ce que suppose un poëte tragique
Pour accroître avec art l'émotion publique,
En mettant en regard des actes généreux
De noires trahisons, des crimes odieux,
C'est le portrait réel de la nature humaine :
Vertus et perfidie, ici-bas tout s'enchaîne.

LES ROYALISTES COMPROMIS.

Cependant, le Consul, plusieurs fois assailli,
A vu des bras levés, mais les bras ont failli.
Son calme, son sang-froid, l'amour qu'on lui prodigue,
Opposent aux dangers une invincible digue,
Quoiqu'au fond, son esprit, dès lors préoccupé,
Sur l'état du pays craigne d'être trompé.

Parmi les conjurés, le parti royaliste
De trop de nobles noms avait grossi la liste :

« *Ces hommes,* écrit-il, *se disent braves gens,*
« *Ils nous accusent, nous, d'être des mécréants* (1), »

(1) Textuel.

« Et c'est en tout honneur, en tout bien qu'ils con-
[spirent,]
« Une arme dans la main vers le Ciel ils soupirent,
« Et peut-être ce soir vont-ils m'assassiner.
« C'est à moi de sévir, à Dieu de pardonner.
« Le premier d'entre eux tous, dont la pieuse haine
« Aura trompé l'espoir, d'une exemplaire peine
« Subira la rigueur. A trop d'impunité
« J'exposerais le soin de ma sécurité,
« L'intérêt de mon œuvre, et celui de la France :
« C'est assez. Que la loi s'impose à la clémence ;
« Et pourquoi ce parti, naguère respecté,
« Trempe-t-il dans un plan par l'autre projeté ?
« Pourquoi, fermant toujours les yeux à la lumière,
« Lorsque j'offre la paix me déclarer la guerre ?
« Les partis ont-ils donc mis bas toute grandeur ?
« Si l'on voit les plus purs agir avec fureur,
« Que n'oseront pas ceux que l'univers réprouve ?
« Quand, sous la loyauté s'attise un feu qui couve
« Il ne faut espérer rien de l'humanité,
« Et son unique instinct c'est la férocité. »

LE DUC D'ENGHIEN.

En ce temps-là, vivait, non loin de la frontière
Dont un fleuve et la paix défendaient la barrière,
Un Bourbon, un Condé, prince jeune, brillant,
Proscrit, comme héritier d'un nom qui fut trop grand.

Un cœur s'était épris de sa noble infortune.
A cet âge, où, je crois, l'ennui seul importune,
Il distrayait ses jours, et se rendait la nuit,
Dans un château voisin, sans escorte et sans bruit.
Mais, toujours en éveil, la police, informée
Qu'une réunion près de Paris formée,
Avec la Royauté pour mot de ralliment,
Et sous l'autorité d'un ténébreux serment,
Se faisait présider par un grand personnage
Arrivé d'Allemagne en habits de voyage,
Attribua ce rôle au jeune duc d'Enghien,
Bien qu'il n'eût point quitté le côté droit du Rhin ;
Et, le ménagement qui voilait ses absences
En démonstration changeait les apparences...
Que de regrets, hélas ! quand plus tard on a su
De cet homme important, que c'était *Pichegru*.
Des ordres sont donnés. Une troupe, en silence,
Conduite par des chefs désignés à l'avance,
Se rend près du château, sur un sol étranger...
Et sitôt que le duc, à l'heure du berger,
Franchit d'un pied furtif une porte secrète,
Sur ses pas on la force, on le suit, on l'arrête.

« Que voulez-vous, dit-il, quel est ce procédé,
« Les Français ont-ils soif du sang du Grand Condé ? »

Toutefois, sur un signe, on le prend, on l'entraîne.
L'aube du lendemain l'éclairait à Vincenne.

Là, hâtant, sans témoins, un procès odieux,
Du prince l'on requiert d'impossibles aveux :
« Je n'ai point conspiré, dit-il, contre une vie
« Dont la Divinité paraît s'être servie
« Pour sauver mon pays. Qu'on me rende à l'exil,
« Pour la France un Bourbon n'est jamais un péril. »

Les juges, cependant (des bourreaux, pour mieux dire),
Dont le zèle est trompé par un affreux délire,
Rencontrent un coupable, où fleurit la candeur ;
Ces hommes, aveuglés, sans remords et sans cœur,
Tels qu'autrefois les juifs, dans leur rage infernale,
Viennent de prononcer..... la peine capitale !...
Eh quoi ! sans preuve aucune, et sans aucun aveu !
Du reste de nos lois est-ce donc là le vœu ?
Mais que se passait-il alors aux Tuileries ?
La peur s'y joignait-il aux basses flatteries ?
Courtisans, montagnards, le pied sur un Bourbon,
Allaient-ils, en un jour, démentir leur renom ?
Le conseiller Réal se pose en nouveau Besme ;
D'une grâce il déduit l'inconséquence extrême,
Les juges ont parlé, leur arrêt est rendu,
Le consul, s'il faiblit, est peut-être perdu.
A ce moment terrible, en femme généreuse,
Dont le front est timide, et l'âme est courageuse,
La douce Joséphine, aux pieds de son époux,
Sollicite une grâce, et l'implore à genoux,
Heureuse de trouver un pieux stratagème
Dans le droit dont jouit l'autorité suprême,

Droit que rend plus sacré le devoir d'épargner
Les jours d'un ennemi, lorsqu'il est prisonnier.

Et ce soldat illustre, et si beau dans sa gloire,
Saura-t-il éviter que l'inflexible histoire
Lui reproche à la fois une faute, un forfait (1) ?
Réal court à Vincenne... hélas ! c'en était fait !
Satan eût exhalé l'exécrable sentence
Qu'on n'aurait pas tranché plus tôt cette existence !
Tout s'était réuni contre l'infortuné,
Les soupçons, ses amours, le sang dont il est né,
Les périlleux essais, l'ardeur du royalisme
A vouloir imiter l'affreux jacobinisme,
Qui, devinant un maître, au sommet de l'État,
Jalousait son grand cœur, avant cet attentat.

Sur ce drame sanglant laissons tomber un voile ;
Il ternit à jamais une splendide étoile :
Les dangers, l'intérêt, la force, la grandeur,
Rien ne doit balancer la justice et l'honneur.

EFFET PRODUIT PAR LA MORT DU PRINCE.

Le coup d'œil du Consul n'a pas dû s'y méprendre :
L'Europe est consternée ; et la France, à l'entendre,
Pour longtemps hors d'état de recouvrer la paix,
Est toujours menaçante. On va donc désormais

(1) Allusion à un mot resté célèbre, de M. le Prince de Talleyrand.

Quitter la défensive, et lui faire une guerre
Dont le bras est l'Autriche, et l'âme est l'Angleterre ;
Et tandis qu'à Boulogne, où, héros non moins grand,
Brille, nouveau Guillaume, un nouveau conquérant,
L'Allemagne se lève.
      Il laisse la Tamise,
Que ses fiers bataillons voyaient, déjà soumise,
Abriter les vaisseaux et l'effroi des Anglais,
Et s'apprête à bondir des côtes de Calais,
Sur qui sera de taille à braver sa colère.

L'EMPIRE PROJETÉ.

Cependant, son pouvoir, tout d'abord éphémère,
En consulat à vie alors constitué,
Trop fragile à ses yeux, avait contribué
A des éloignements tout au moins regrettables,
Contrepoids de l'amour des citoyens notables. (1)
Un pouvoir transmissible, un pouvoir souverain
Sous un titre imprévu, présenté par la main
Du Sénat, des Tribuns, du Peuple, de l'Armée,
Rassurera la France, inquiète, alarmée

---

(1) Une assemblée des notables, (dont faisait partie le père de l'auteur) réunie à Paris, en 1801, s'était montrée favorable au rétablissement d'un Gouvernement monarchique.

De se sentir livrée aux flots de l'avenir.
L'urgence est manifeste : on les revoit surgir
Ces hommes qui, jadis, ont effrayé le monde ;
Ils voudraient ressaisir leur terrorisme immonde,
Ils ont pour le Consul leur haine pour les Rois,
Et, pour le diffamer ils ont cent mille voix.
Les vieux républicains, les bouillants royalistes,
L'insultent dans la rue, et par leurs publicistes ;
Et pourquoi ces défis ? — parce que son pouvoir
N'a pas la fixité dont il le faut pourvoir ;
L'étranger, aux aguets, l'étranger croit peut-être
Que nous serions trop forts, si nous avions un maître,
Digne de nous comprendre, et de nous gouverner,
Planant sur la grandeur qu'il a su nous donner.

Comment donc hésiter ? Oh ! la belle Couronne,
Que ceint un noble front, quand le peuple la donne !
Saint-Père des Chrétiens, vous la voudrez bénir :
Sceptre, Religion, aux autels vont s'unir..

PROCLAMATION DE L'EMPIRE.

L'Empire est proclamé ! — Jamais un diadème
N'orna plus dignement l'autorité suprême ;
Et dans ce Temple auguste, où tout est pardonné,
Ton génie, ô grand homme, est enfin couronné.

LE COURONNEMENT.

Oui, dans ce Temple auguste, offert à Notre-Dame,
Où tous les maux du cœur rencontrent un dictame,
Où le pauvre, à genoux, égrène un chapelet,
Où Bossuet-le-Grand au grand siècle parlait,
Où l'humble et le puissant trouvent l'eau du Baptême,
Où tant de Rois enfin ont puisé le Saint-Chrême,
Sous sa voûte gothique, un nouveau Souverain,
Comme un autre Louis prêt à dompter le Rhin,
Recevra du pieux successeur de Saint-Pierre
La consécration d'un pouvoir, que la terre,
Dans sa reconnaissance, accorde quelquefois
A ceux que la fortune a mis sur le pavois.

Déjà, Sa Sainteté n'est plus en Italie;
Pour honorer ses pas, sois partout embellie,
France aux Rois très Chrétiens, et que ta piété
Efface dans son cœur des temps d'iniquité!

Pie entre dans Paris, dans la moderne Athènes,
Où trop près des vertus le crime eut ses arènes;
Et quel autre Palais que celui de nos Rois
Recevrait l'Envoyé de Dieu mort sur la Croix? (1)

---

(1) Le club des Jacobins était presque adossé à la terrasse des Feuillants; et le Roi, la Reine ont été mis à mort à huit cents mètres de leur palais.

On veut le contempler; il approche : on se presse,
Anxieuse, la foule, attend, grossit sans cesse,
Demande au saint vieillard sa bénédiction ;
Et quand sa tendre voix dit avec onction
Les mots sacramentels, tous les genoux fléchissent,
Et les pieux accents dans les cœurs retentissent.

?

Mais il a lui, le jour de la solennité.
Longtemps avant l'aurore, au sein de la Cité
S'agitent et le peuple, et les grands, et l'armée.
Embouche la trompette, agile renommée,
Car peut-être jamais tableau plus merveilleux
Ne frappa les esprits, et n'étonna les yeux.

D'un imposant Clergé les deux rangs innombrables
Font entendre de loin des voix imperturbables ;
Et le cortège avance, et le Temple est ouvert,
C'est le Pape, aujourd'hui, qui l'illustre, et le sert.
L'Empereur, Joséphine, et tout ce que la France
Possède de talents, de gloire et d'espérance,
Au sanctuaire admis, s'y tient silencieux ;
Les Cantiques vont seuls se faire entendre aux Cieux,
Mais quelle majesté, dans la simple prière
Que le Pontife verse au sein de Dieu le père !
Il demande pour nous, et pour Napoléon
Les bienfaits de sa grâce, et sa protection. (1)

(1) Exergue de nos monnaies.

Ah ! le divin Office a porté dans les âmes
Les vœux les plus touchants, les plus ardentes flammes :
Et l'immense assemblée attend avec ferveur
L'instant qui sacrera l'immortel Empereur ;
Mais lorsque le Saint-Père a levé la Couronne,
Par un prompt mouvement que la force lui donne
Napoléon la prend, la fixe sur son front.
A ce geste hardi l'émotion répond ;

Tout bas on s'interroge, on regarde, on écoute,
Rien, rien ne retentit sous l'impassible voûte ;
Et bientôt, à son tour, Joséphine, à genoux,
Devra le diadème aux mains de son époux. (1)
Ainsi, pour éviter qu'un usage arbitraire
Subordonnât son trône au pouvoir du Saint-Père
Charlemagne avait fait. — Ce n'est plus qu'autrefois
Qu'à Rome on dispensait l'autorité des Rois.
Le pinceau, le burin, transmettront à l'histoire
Ces faits, dont soixante ans ont grandi la mémoire.
Chaque temps, chaque règne, a son brillant côté :
Le temps que j'ai décrit, dans la postérité
Prendra sa large place. — Aux partis anarchiques
Il opposa le poids des volontés publiques ;
Il protégea, fut juste, et ses nobles grandeurs
Lui font des bons esprits autant d'admirateurs.

(1) Sujet du célèbre tableau de David.

L'ARMÉE AU CAMP DE BOULOGNE.

Napoléon Premier, en autre Charlemagne,
Ira porter la foudre au cœur de l'Allemagne,
Mais, avant de le suivre en ses vastes succès,
Il ne peut qu'être doux au sentiment français
De jeter un coup d'œil sur cette Grande-Armée,
Qui, dès longtemps instruite, et savamment formée,
Aurait vaincu naguère Alexandre et César,
Comme elle a triomphé de l'Autriche et du Czar.

Les guerres d'outre-Rhin, les guerres d'Italie,
Théâtres de hauts faits dont l'Europe est remplie,
Avec de vieux soldats, ont nourri dans les rangs
Un nombre précieux de ces beaux jeunes gens,
Déserteurs du Latin, qui, volant aux frontières
Ont vaillamment gardé les foyers de nos pères.
Intrépides, toujours au danger les premiers,
Exacts, disciplinés, parfaits sous-officiers,
Leur exemple a formé des cadres formidables,
Puissance d'une armée, en ces jours redoutables
Où l'ardeur des combats, en entassant les morts
Peut faire d'un soldat le commandant d'un corps.
Il n'est pas un d'entre eux qui ne fût capitaine ;
Et pas un officier, dans cette noble chaîne
Qu'on nomme un Régiment, qui ne fût en état
D'en être Colonel, et chéri du soldat.

La valeur d'une armée a sa seule origine

Dans son instruction, jointe à sa discipline.
Sans ces deux éléments, le soldat, le bandit,
Pourraient ne différer, entre eux, que par l'habit.
Le vétéran du feu sait, par expérience,
Qu'il n'est rien d'assuré sans stricte obéissance :
Qui sut bien obéir saura bien commander,
Et le respect qu'on eut, on peut le demander.

Vieux soldats, jeunes chefs, rivaux par le courage,
Généreux, confiants, comme on l'est à leur âge,
Telle était cette armée, aux bords de l'Océan,
Toujours prête à tonner, comme tonne un Volcan.

Ah ! s'il fallait ici, retrouvant ma jeunesse,
Évoquer des exploits chers à notre vieillesse,
Que d'actions d'éclat, célèbres en tous lieux,
Attendriraient vos cœurs, et mouilleraient vos yeux !
Est-il un coin obscur, est-il un point du monde,
Où, quand le clairon sonne, et quand le canon gronde,
L'on ne s'inspire pas de ces guerriers-géants
Qui, le front couronné, vivront donc tous les temps ?

Le hasard n'écrit pas les pages de l'histoire,
Il faut chercher ailleurs le berceau de la gloire,
Soit chez le souverain, soit dans ces grands esprits
Dont le zèle est habile, et le talent sans prix.
Notre Louis quatorze, Henry, roi de Navarre,
Les Sully, les Colbert, que la nature avare

Refuse à plus d'un trône ou donne à d'heureux rois,
Ont, sous l'autorité d'une commune voix,
Su fonder un grand siècle, illustrer leur patrie,
Sans qu'aux jours nébuleux, leur mémoire flétrie
Ait trouvé des ingrats prêts à les renier.
Si l'envie elle-même a dû les épargner
Napoléon a droit à de pareils hommages ;
Toujours un créateur s'atteste en ses ouvrages ;
Qui lègue un nom fameux à la postérité
Ne craint ni son oubli, ni sa sévérité.

INSTITUTION DE L'ORDRE DE LA LÉGION D'HONNEUR.

Au milieu des travaux qui, ranimant la France,
Fondent à tous les yeux une autre Renaissance,
L'Empereur va puiser dans un ordre nouveau
L'infaillible aiguillon de l'utile et du beau.
Cet ordre, revêtu d'une forme brillante,
Ornera les lauriers que la valeur enfante,
Le juge, l'ouvrier, l'artiste, l'inventeur,
Le prêtre, le savant, l'habile agriculteur ;
Chacun peut l'obtenir, ou du moins y prétendre,
Mais c'est au seul mérite à l'oser entreprendre.

Sous quel symbole est-il ? — Sous celui de l'honneur,
Mot sublime, qui parle à tout homme de cœur ;
Que près de ce baoukâm, celui de la Patrie
Plane sur le feston d'une branche fleurie ;

Puis, le peuple aimera qu'au centre, un médaillon
Lui présente les traits du grand Napoléon.

Telle est la Légion d'honneur, et son étoile,
Joyau qu'en ses reflets aucune ombre ne voile ;
Son cordon écarlate, élégamment moiré
Fera battre le cœur qu'on en a décoré ;
Il accuse déjà cet étonnant prestige.
Précurseur d'un éclat qui tiendra du prodige.

L'Empereur, de sa main, veut remettre aux soldats
Les croix qui deviendront le prix de vingt combats.
Une solennité, peut-être sans seconde,
Proclamera leurs noms jusques au bout du monde ;
Et c'est près du détroit, en face des Anglais,
Qu'à sa puissante voix deux cent mille Français
Salueront les élus de la grande journée
Où, parmi tant d'égaux, la valeur couronnée
Lègue à de moins heureux, mais non moins méritants,
L'exemple des honneurs promis à leurs vieux ans.

En effet, au sommet de ce camp formidable
Un autel est dressé. — Que le ciel favorable
Protège ces guerriers sans reproche et sans peur ! —
Un Prélat vénéré, choisi par l'Empereur,
Viendra bénir l'Étoile, et la main qui la donne :
C'est un la Tour d'Auvergne ! un si beau nom résonne
Au fond de tous ces cœurs, des cœurs de *Grenadier*,
Dont chacun s'est juré d'être un jour *le Premier*.

Dans leur bouillante ardeur, dans leur audace extrême,
Que d'émules pour toi, fier quarante sixième !
Oui, tu portes, sanglants, des restes endormis,
Mais des cœurs tout entiers s'offrent aux ennemis. (1).

DISTRIBUTION DES CROIX.

Ces trois mille tambours, ces canons de la flotte,
Qu'annoncent-ils, si haut, à l'étendard qui flotte
Au-dessus de la tente, abri du souverain ?
C'est la Diane : Écoutez ! quel réveille-matin
Ferait mieux radier sur de jaloux rivages
Ce jour, cet autre jour, qui bravera les âges !

Les troupes, cependant, attendent un signal,
Le voici sans tarder, l'Empereur, à cheval,
Le regard animé, parcourt toutes les lignes,
Flatte les plus ardents, distingue les plus dignes,

---

(1) C'est à la 46ᵉ demi-brigade, devenue 46ᵉ de ligne, qu'avait servi la Tour d'Auvergne, premier grenadier de France, tué le 9 messidor an VIII, à la bataille de Neubourg.
En vertu d'un arrêté du premier consul, du 26 messidor an X, le cœur de la Tour d'Auvergne était ostensiblement porté par le fourrier de la 1ʳᵉ compagnie de la demi-brigade. L'arrêté avait voulu que le nom du premier grenadier de France fut maintenu sur les contrôles, et dans les revues. Il était nommé à tous les appels, et le caporal de l'escouade dont Latour d'Auvergne avait fait partie, répondait : « *Mort au champ d'Honneur :* » Ce touchant et singulier hommage, auquel, avant et depuis Latour d'Auvergne, tant d'autres auraient pu prétendre, n'a pas survécu au licenciement des armées de l'Empire, en 1814.

Saluant d'un sourire égal et satisfait
L'allégresse expansive, et celle qui se tait.
Les soldats, ennivrés, frémissent sous leurs armes,
On voit les mieux trempés attendris jusqu'aux larmes ;
Pyramides, Arcole, Aboukir, Marengo ;
Souvenirs glorieux, vous aurez des égaux :
« Nous jurons, disent-ils, nous jurons par la France
« De verser notre sang pour son indépendance ;
« Avant que la fortune ait osé la trahir,
« Autour de nos drapeaux nous aurons su mourir. »

La Revue est finie, une salve l'annonce,
Entendez ces Vivat ! quelle noble réponse !

Et l'Évêque gravit les degrés de l'Autel.
Aussitôt que sa voix invoque l'Éternel,
Le salpêtre transmet ses chants et sa prière
Au bout de l'horizon ; puis, quand le Saint-Mystère
Qui fait monter notre âme, et fait descendre Dieu,
A courbé ses genoux, un gigantesque feu
Ébranle en même temps tout le front de bandière,
Et l'immense assemblée a baisé la poussière,
En disant : « Gloire à Dieu, gloire au dieu des combats,
« Qu'il daigne au champ d'honneur accompagner nos
[pas ! »]
A ce suprême instant succède le silence ;
Les fronts sont relevés, et l'auguste assistance
Attend que le Pontife, en abaissant les doigts
Marque sur chacun d'eux le signe de la croix,

Signe du Rédempteur, et de ce culte antique
Dont le cri des martyrs fut le premier cantique.

« O chrétiens, ô soldats, d'un feu saint embrasés,
« L'Empereur fait de vous de modernes croisés.
« Qu'à sa voix, qu'à la voix de la mère-Patrie
« Chacun de vous soit prêt à prodiguer sa vie !
« Répétez avec moi : Vivent Patrie, honneur,
« Vive Napoléon, vive notre Empereur !
« Je vous bénis, enfants, je bénis vos bannières,
« Soyez braves, croyants, et dignes de vos pères ! »
Le Pontife a parlé. — Massée en un clin d'œil
Elle a pu se compter avec un juste orgueil
Cette superbe armée, aux périls aguerrie,
Que la victoire attend, que la gloire a nourrie,
Modèle impérissable, invincible lion,
Qui, sous un autre Achille ira vaincre Ilion.

Mais, de ses rangs d'acier, qui sort, d'un pas rapide,
Et vers le haut du camp sur un ordre se guide,
Fantassins, canonniers, sapeurs et cavaliers?
— C'est l'élite de tous, ce sont les chevaliers ;
On vient d'ouvrir un ban, au loin l'écho sonore
Applaudit les héros que l'Empereur décore.
Et, plus majestueux, plus fermes que jamais,
Immortels bataillons, vous n'avez désormais
Qu'à saluer César, de la voix et du geste.
Marquez, pour l'approcher, ce pas facile et leste
Que nul ne saurait voir sans être électrisé ;

Pour vous le globe est court, et le triomphe aisé :
Marchez, courez, volez, que vos aigles agiles
Enserrent plus d'un trône, et planent sur cent villes !

Ils défilent alors, heureux de se montrer
Dignes du général qui va les inspirer.
Pendant ce défilé, qui reflète la guerre,
Les cieux ont entendu les soldats s'écriant :
« A vaincre l'on s'honore, on s'illustre en mourant » (1)

GUERRES DE 1805. (ULM, AUSTERLITZ).

L'Europe, cependant, par l'Anglais soudoyée,
Va se mettre en campagne, alors qu'elle est payée.
L'Autriche, dédaignant de sévères leçons,
Veut encore tenter de laver ses affronts.
Mais quel est son prétexte, et pourquoi cette guerre,
Quand la France prenait corps à corps l'Angleterre ?
Les griefs d'autrefois étaient-ils de saison ?
Une ligue nouvelle, aux yeux de la raison
Devait-elle éclater ?
               — Elle croit nous surprendre,
Nous trouver tout au plus de force à nous défendre.
Le gant est donc jeté. — Dans Ulm, un général
Dont le sang-froid tenace au savoir est égal,
Pénètre, et s'établit avec tout une armée.
Que craint-il des Français ? Une enceinte, formée

(1) Voir le récit de la bataille de Waterloo, par M. Thiers.

En dehors de la place, aura pour point d'appui
Des ouvrages que l'art avoûrait aujourd'hui ;
Ils seront défendus par trente deux mille hommes ;
Enfin, à la distance où l'on sait que nous sommes,
Sans souci d'une attaque en paix on peut dormir.
D'ailleurs, on n'a voulu sur ce point réunir
Qu'une forte avant-garde ; à Lintz, et près de Vienne,
De formidables corps, quelque fait qui survienne,
Opposeront leurs coups aux efforts des Français ;
Et même, en leur prêtant d'incroyables succès,
Une imposante armée, aussi brave que belle,
D'après l'ordre du Czar, ami sûr et fidèle,
Joindra ses bataillons, ses baskins, ses hulans,
Et le carquois tartare, au feu des Allemands.

COUP D'ŒIL DE NAPOLÉON.

Napoléon apprend ces manœuvres soudaines,
Mais son habileté saura les rendre vaines.
N'a-t-il pas pénétré le plan de son rival ?
Mack lui paraît bien loin du centre principal !
En mettant à profit son trop de confiance
Sans doute on réduirait son rôle à l'impuissance,
Et, tel il sut, naguère, attirer dans ses lacs,
Aux champs de Marengo l'infortuné Mélas,
Tel peut, Napoléon, par un calcul contraire,
Enfermer, prendre Mack et son armée entière.

— A si grand Capitaine, intrépides soldats. —
Que leur prescrira-t-il, qu'ils n'accomplissent pas ?
L'impossible n'est plus, dès qu'il le leur demande (1);
Ils suivent, pleins d'amour, le chef qui les commande,
Et d'un jour glorieux lorsque l'aube aura lui,
Tous sauront, le cœur gai, vaincre, ou mourir sous lui.

LEVÉE DU CAMP DE BOULOGNE.

L'Anglais peut respirer. Ce camp, gymnase illustre,
Qui troublait son sommeil depuis tantôt un lustre,
Est désormais levé: l'or détourne le fer !
Quand le repos s'achète, il n'est jamais trop cher.
A merveille, Albion, voilà ta hardiesse :
C'est un sang étranger que soldent tes largesses.

Soit. L'armée est en marche ; elle va droit au Rhin ;
C'est le vol de l'oiseau, c'est un coursier sans frein.
Elle a déjà posé son pied en Germanie
Que Mack la croit encor sous Calais réunie.
Rien ne vient l'arracher à sa sécurité ;
Son infaillible plan, à loisir médité,
Est, en tous points, d'accord avec l'expérience,
Qui, féconde à propos, vaut au moins la science.

(1) Allusion à ce mot de l'Empereur : « *Impossible n'est pas français* ».

Quel réveil pour sa gloire ? Était-il destiné
A servir sans éclat son pays consterné ?
Il voit enfin l'honneur du péril qui l'assiège :
Comment, par où, pourquoi, s'est-il mis dans un piège ?
S'il ne l'ignore plus, il l'aperçoit trop tard ;
Avec cet ascendant qui joint l'audace à l'art,
Napoléon paraît, et l'armée ennemie,
Dans un calme trompeur trop longtemps endormie,
Réveillée en sursaut, se rend à son vainqueur :

Mack, que ne laissais-tu Londres à sa fureur !

Mais, sans perdre un instant, nous menacerons Vienne,
Avant que les efforts répondant à la haine
Puissent de ce début réparer les effets
En opposant du calme à nos premier succès.
Admirable calcul ! Ces antiques murailles,
Tombeau des Ottomans, vainqueurs dans dix batailles,
Du grand Sobieski veuves depuis longtems,
Ont perdu des lauriers respectés deux cents ans. (1)

§

L'Autriche est terrassée. A peine son armée
Pourra-t-elle, haletante, et partout décimée,

---

(1) C'est en 1583 que Jean Sobieski, roi de Pologne fit lever le siège de Vienne, service mémorable dont la Cour d'Autriche s'est montré trop peu reconnaissante. Les *deux cents ans*, accusés ici, manquent donc d'une rigoureuse exactitude historique. On nous pardonnera cette licence.

A celle d'Alexandre apporter un renfort.
Elle fuit en désordre, appuyant vers le Nord ;
Et rencontre bientôt ces soldats redoutables,
En courage passif toujours inépuisables,
Comparés par l'histoire à des remparts vivants.
Les plus illustres noms en sont les commandants ;
Leur brillante valeur, leur esprit militaire
Ne craignent de personne un jugement sévère.

Après plus d'un péril, et des soins infinis,
Voilà les alliés en force réunis.
Rien n'est perdu pour eux : l'hiver, d'ailleurs, commence
Sous un ciel moins clément que celui de la France ;
On peut en profiter ; et les Russes, dès lors,
Sentent que leur climat est un garde du corps.
Mais nos gens, façonnés à coucher sur la dure
S'inquiéteront peu de la température :
Les froids de la Baltique, et du grand Saint-Bernard
Naguères ont-ils fait pâlir leur étendard ?
Et c'est en guettre blanche, en habit de parade,
Qu'ils entendront demain tonner la canonnade.

AUSTERLITZ.

Le soleil a paru : Le soleil d'Austerlitz! (1)

(1) La veille des grandes batailles, l'Empereur, dans ses proclamations, aimait à rappeler et à dépeindre cette mémorable journée, par cette expression pittoresque et prophétique : C'est *le soleil d'Austerlitz.*

France, sois orgueilleuse, et contemple tes fils!
Tu crois que la victoire est un instant douteuse?
Eh bien! ces murs vivants, cette horde fougueuse
Qui jette autour de nous d'épouvantables cris,
Que seront-ils ce soir? — Ils seront des débris. —
Ah! nous les voyons fuir, ces escadrons superbes
Que, trop présomptueux, devançaient des imberbes.
Tout cède à notre élan, tout est pris ou tué;
La Ligue est aux abois, l'Anglais est conspué;
Princes, canons, drapeaux, prisonniers pêle-mêle,
Encombrent les chemins: Jamais lutte plus belle
N'a d'un glorieux peuple illustré l'avenir,
Et, qui vit un tel jour désormais peut mourir.
Et toi, Napoléon, dont la noble couronne
Enchaîne la victoire, érige une Colonne,
Qui retrace aux enfants des enfants de nos fils
Ce que furent hier tes soldats d'Austerlitz. (1)

GUERRES DE 1806. (AUERSDADT, IÉNA).

Les Souverains du Nord, et l'Europe étonnée
N'ont plus qu'à s'incliner après cette journée.
La France va cueillir le prix de ses hauts faits:
Les deux coalisés ont demandé la paix;
Napoléon la dicte, et sent que la prudence,
Non moins que les combats, fondera sa puissance.

---

(1) On sait que la colonne de la place Vendôme a été faite avec le bronze des canons pris par l'armée française dans cette campagne.

C'est pourquoi, sans tarder, il revient sur ses pas.
Et, quel est son dessein ?
— On ne le connaît pas.
Mais, pendant la campagne, il avait vu la Prusse,
Quoique pleine d'égards pour le Souverain Russe,
Affectant d'évoquer l'ombre de Frédéric,
S'ériger en soutien de l'intérêt public,
Dénigrer des soldats trahis par la fortune,
Et se charger enfin de la cause commune.
Le comte Laforêt, (1) (qu'en dit le droit des gens ?)
Un soir, avait surpris quelques sous-lieutenants,
Au seuil de son hôtel aiguisant leur épée,
Et riant aux éclats après leur équipée.

La Reine, au fond du cœur haïssant les Français,
Un peu pour leurs défauts, bien plus pour leurs succès,
Avait voulu broder, de sa main blanche et belle,
Les brillants étendards d'une Garde fidèle ;
En un mot, le complot, politique et galant,
Ne prenait plus le soin d'agir en se voilant,
Et la Cour, et l'État, emportés dans la lice
Demandaient une guerre et prochaine et propice.

Était-ce bien habile ? Et quand Napoléon
Venait de triompher de forces en renom
Sans avoir éprouvé l'échec le plus minime,
Fallait-il lui parer encore une victime ?

(1) Notre ambassadeur à Berlin.

La passion domine, et ne calcule point.
S'assouvir, ou sombrer, tel est l'unique point.
Mais l'on n'assouvit rien, mais la mort nous dédaigne,
Et l'on immole un peuple, et l'on flétrit un règne.

Ainsi, des deux côtés les ressorts sont tendus ;
Des cris sont proférés, les cris sont entendus ;
Et telle qu'un rival dont la flamme est trompée
Dégage du fourreau sa redoutable épée.

La Prusse a pris la sienne. — A moi, France, fais feu !
Si la guerre est cruelle, et funeste, en tout lieu,
Elle l'est doublement dans ces pays tranquilles
Dont les bons habitants, loin du trouble des villes
Appellent de leurs vœux une immuable paix.
Que leur sont, après tout, la gloire et ses hochets ?
Naître pour travailler, travailler jusqu'à l'heure
Où Dieu veut qu'ici-bas sa créature meure ;
Vivre en homme de bien, élever ses enfants
Dans la crainte du ciel, l'amour de leurs parents,
Les établir à point, bénir leur descendance,
S'en aller doucement, plein de foi, d'espérance,
Quel lot plus précieux nous destinent les Rois
Qui versent notre sang pour garder de vains droits ?
Mais l'homme, de tous temps ennemi de lui-même,
Est ami des dangers ; en prodigue il les sème,
Pour obtenir des biens, dont le rigoureux prix
Ne vaut pas un des soins que ses mains en ont pris.

§

Qu'importent ces accents ! — De plus graves pensées
Vont, dans les champs de Mars reporter mes brisées.
— Quoi donc, encor du bruit ? — Oui, toujours des
[combats ;]
L'homme, dans ses fureurs, ne s'arrêtera pas ;
Le meurtre, le massacre, il les nomme la gloire :
Plus le carnage est grand, plus grande est la victoire.

— Aux plaines d'Iéna quel sang va-t-on verser ?
— Le plus pur sang royal.—(1)— Qui va-t-on disperser?
— Ces nombreux bataillons, cette élégante armée,
Par sa propre valeur, par sa Reine animée.
La foudre gronde, éclate, et tout est écharpé.
Un seul brave, Blücher, à nos coups échappé,
Tente de réparer un mal irréparable ;
Mais sa tenacité, son courage indomptable,
Ne sauvent ni Berlin, ni le Roi, ni sa cour :
Tout une Monarchie a péri dans un jour.

(1) Au plus fort de la bataille, le prince Louis de Prusse, entraîné dans une charge, fut sommé de se rendre, par un maréchal des logis du 10ᵉ de hussards, nommé Guindé, brillant sous-officier, maniant supérieurement l'arme blanche. « Mon Prince, rendez-vous, » s'écria Guindé. — N'écoutant que sa bravoure, le Prince, sans répondre, leva le bras très-haut pour porter un coup de tête à son adversaire. Celui-ci para avec le plus grand sang-froid, et d'un coup de seconde, plongea son sabre dans la poitrine du malheureux Prince, qui tomba mort. Je garantis la scrupuleuse exactitude de ce détail raconté par Guindé lui-même, au général Oudinot, (alors sous-lieutenant au 5ᵉ de hussards), qui me l'a rapporté.

Et le vainqueur, dit-on en songeant à la Reine,
Au destin de la femme, écrivait à la sienne :
« Ne faites pas tomber l'État dans vos réseaux,
« Soignez votre ménage, et gardez vos fuseaux ! »

Judicieux avis ! Mais quel puissant langage
Rendrait l'humanité plus logique et plus sage !
L'imprudente Princesse, en proie à ses regrets,
Voyant de son pays profaner les guérêts,
Ayant naguère dû son salut à la fuite,
En abandonnant tout, tout, jusques à sa suite,
N'a pu se consoler d'aussi mortels revers.
Qui sait si des ingrats, qui sait si des pervers,
N'épargnant pas l'outrage à sa noble infortune,
N'ont point rendu la vie à son cœur importune !
Après avoir langui, sans l'ombre du bonheur,
Revu, d'un œil distrait, le trône et la splendeur,
Après avoir quitté le deuil de la Patrie,
Elle a remis à Dieu son âme endolorie.

ENTRÉE A BERLIN.

Le vainqueur d'Iéna prendra ses sûretés.
Sait-il si ses soldats sont enfin redoutés ?
— La Prusse répondra. — Sa subite impuissance
L'instruira désormais à respecter la France,
Et puisqu'elle a brigué les palmes d'un Tournoi,
D'un défi malheureux elle encourra la loi.
Mais, du nouveau César, la marche triomphale

Est d'un magique éclat. Il voit la Capitale
Ouverte à ses drapeaux, et veut que ses guerriers
Y rayonnent demain, surchargés de lauriers,
Tels qu'on les admira dans maints jours de bataille,
Beaux comme aux Carrousels, et plus hauts que leur taille.
En tête de sa Garde, il aura ce chapeau,
Cet habit, qu'il portait aux champs de Marengo ;
Tout brille à ses côtés, lui seul est sans dorure,
La grandeur de son nom suffit à sa parure.
Mânes de Frédéric, entendez-vous ses pas ?
Dormez dans votre gloire ; et ne vous levez pas.

CONSPIRATION D'HATZFELD.

On triomphe d'un Roi, d'un peuple, d'une armée ;
Mais leur haine s'en est d'autant plus allumée,
Et du joug étranger, soldats, peuples et Rois,
Portent en gémissant l'intolérable poids.
Puis, comme au désespoir tout paraît légitime,
Il ne s'arrête pas, même devant un crime.
L'Empereur ne s'est pas encor reposé
Qu'à de nouveaux périls il se voit exposé.
Il apprend l'existence et l'objet d'une trame,
Qui compromet un Prince, en accusant sa femme :
Il s'agit d'un complot, et d'un assassinat,
La victime eût été le héros d'Iéna,
Que n'aurait pu sauver ou sa gloire ou sa suite.
Par les soins d'un ami, la Princesse est instruite

Que tout est découvert, et que Napoléon
Connaît des conjurés et le sang et le nom.

Les femmes ont des pleurs, ou trouvent l'héroïsme.
Celle-ci, rejetant d'un indigne égoïsme
Les hasardeux conseils, loin de chercher à fuir
Sauvera son époux, ou bien saura mourir.
Elle revêt le deuil, et bientôt se présente
Au Quartier-Général.

     — « Une affaire importante
« M'amène, et je voudrais parler à l'Empereur, »
Dit-elle. — On l'introduit. « Au comble du malheur,
« Sire, je n'ai d'espoir qu'en votre caractère.
« Vous devez être grand, vous, maître de la terre?
« Je me nomme d'Hatzfeld... grâce pour mon époux.
« Je me jette à vos pieds. »

     — « Madame, levez-vous.
« Oui, voici les feuillets, qui révèlent la trame ;
« Approchez du foyer, livrez-les à la flamme :
« *Trajan n'eut plus de preuve, et ne put condamner,*
« Napoléon l'imite, il aime à pardonner. » (1).

---

(1) Le vers, tel qu'il est écrit dans l'opéra du *Triomphe de Trajan*, représenté à cette époque, et à cette occasion, est celui-ci :

« Trajan n'a plus de preuve, et ne peut condamner. »

Ce vers, dans la bouche de Lainé, célèbre artiste du temps, produisait un grand effet.

GUERRE DE 1807. (EYLAU).

Mais les grands Souverains, mais les grands Capitaines,
Doivent toujours savoir dédaigner quelques haines,
Dont les témérités accusent seulement
L'aveu de l'impuissance, et son ressentiment.

Il est d'autres dangers : un autre orage gronde,
Qui porte dans ses flancs la couronne du monde.
L'Empereur Alexandre, un prince irrésolu,
Mais qui sent ébranlé son pouvoir absolu,
N'a pas un seul instant oublié ses défaites ;
Et, bien que moins confus, voyant deux autres têtes
Porter le diadème et la rougeur au front,
Il brûle du désir de venger son affront.
Le Sénat, la noblesse, et le peuple, et l'Armée,
Toute la nation, saintement animée,
Demande que l'on vienne en aide aux Prussiens,
Frères par le malheur, et par d'autres liens.

Et que faut-il de plus ? Lorsque la voix publique
Soutient du Souverain le dessein politique,
Tout tend au même but, tout tend aux mêmes soins,
Et la raison d'État se transforme en besoins.

Le Czar va donc encor provoquer notre France !
Quel tableau ! Tour à tour, l'une ou l'autre puissance

Prend l'épée, et s'attaque à ce noble pays,
Où la valeur, l'esprit, se rencontrent unis,
A ce peuple envié, que partout on imite,
Dont l'aimable nature est le moindre mérite,
Et dont les douces mœurs se citaient, autrefois,
Comme modèle aux Cours, et comme exemple aux Rois.

§

Pourquoi ne puis-je, ici, dans un heureux silence
Épargner à ma plume, et taire à l'innocence
Le récit des combats qui vont être livrés,
Vrais combats de Géants, dès longtemps préparés.
Austerlitz, Iéna, victoires immortelles,
Ont coûté moins de sang que ces scènes cruelles
Où la soif de la gloire, où des efforts pareils
Ont prolongé les coups, mêmes entre deux soleils ?
Sous Heilsberg, à Pultusk, quel horrible carnage !
Et ce sont jeux d'enfants, si l'on ouvre une page
De ce drame inouï, dont le titre est Eylau.

§

La neige étant venue, après des torrents d'eau,
Les troupes, des deux parts, cherchant à se surprendre,
Manœuvraient prudemment, et sans rien entreprendre,
Mais en force pourtant.

     Un matin, l'Empereur
Rencontrant l'ennemi, juge, à sa profondeur,

Qu'il forme pour le moins une forte avant-garde ;
Et, bien que son esprit rarement se hasarde,
Il ordonne l'attaque :
                Il avait sur les bras
Cent pièces de canon, et cent mille soldats. (1)
Les siens, peu soucieux des dangers et du nombre,
Gagnent un cimetière, où bientôt tout s'encombre,
Car c'est vers Eylau même, et s'approchant sans bruit
Que les deux Généraux marchaient depuis minuit.
Ce cimetière avait un assez vaste espace,
Dont le mur crénelé faisait un corps de place;
Et le porche du Temple, en exhaussant nos gens,
Permettait à leurs feux d'être des feux plongeants.

Les Russes, pleins d'ardeur, veulent prendre l'Église.
Dans un premier élan leur bravoure se brise :
Ils vont recommencer, et s'ils sont plus heureux
Ils nous verront bientôt reprendre tout sur eux :
Quand midi sonnera, ce large Cimetière
Comptera plus de morts, sur son sol, que sous terre,
Et, d'ossements poudreux, vingt générations
S'imprégneront d'un sang qui filtre à gros bouillons.

Mais que se passe-t-il, en dehors, dans la plaine?
On s'y prend corps à corps, bien qu'y voyant à peine,

---

(1) Comme vérité historique, les Russes avaient là quatre-vingt mille hommes, à peu près toutes les forces disponibles de leur armée. L'armée française était moins nombreuse.

Tant le givre épaissit, et vient troubler les yeux ;
On s'égorge, on s'écharpe, on redouble les feux :
Un brave régiment, dans ce débat sauvage,
Le digne quatorzième, auprès d'un marécage
Est acculé, sommé de se rendre à merci :
« Bas les armes ! » — « Jamais ; nous périrons ici. » —
Et le soir, un carré, ses rangs encore en ligne,
De cadavres formé, gardait bien sa consigne. (1)

Moins qu'une Pyramide, un frêle monument,
Rappelle au voyageur un si beau dévouement :
« Là, dorment des héros. — Combien ? — Ils sont
[deux mille.]
« La France peut aussi montrer ses Thermopyles. »

Aux dernières lueurs de ce jour trop fameux
Chacun des deux partis se croit victorieux,
Avantage sans fruit, lamentable victoire,
Qui n'a laissé qu'un doute aux arrêts de l'histoire.
Les Russes n'avaient pas triomphé des Français,
De qui le *Statu quo* formait le seul succès ;
Mais, couchés en vainqueurs sur le champ du carnage,
Laissons-les reposer, dormant dans leur courage ;
Et traversons l'hiver, aspirons au printemps,
Il peut nous préparer des jours plus consolants.

(1) Trois officiers du 14ᵉ de ligne, seulement, tous trois blessés, ont survécu à ce désastre. L'Empereur se les étant fait présenter, les admit dans sa garde, et les décora. J'ai particulièrement connu l'un d'entre eux, M. Turlot, devenu lieutenant-colonel du 44ᵉ de ligne ; et c'est de lui que je tiens ce détail.

FRIEDLAND.

Napoléon, après avoir revu la France,
Revient à Finkenstein, (1) rempli de confiance.
La saison ne fait plus du grand art des combats
Un piège où l'on trébuche, un lacs qu'on ne voit pas,
Et son étoile enfin planera dans la sphère
D'où la paix surgira d'une brillante guerre.
Mais la Russie est grande, et fiers sont ses soldats :
Ils meurent à leur rang sans reculer d'un pas ;
Il faut, pour triompher de leur mâle énergie
Ce que peut ajouter la valeur au génie.

Eh bien ! avec orgueil regardons Friedland.
Là, deux hommes d'élite, Oudinot et Marchand,
Parmi d'autres égaux prendront à la victoire
Une part burinée au Temple de mémoire.
Les grenadiers de l'un, de l'autre l'à-propos
Ont jeté l'ennemi dans un affreux chaos,
Et lorsque la réserve, ardente, électrisée,
Charge ses bataillons, bayonnette croisée,
Elle porte l'effroi, la terreur, dans ses rangs.
France, à de pareils faits reconnais tes enfants.

(1) L'Empereur s'était établi au château de Finkenstein, avant la bataille d'Eylau. Il y revint après son voyage en France. En 1812, le bourg d'Eylau présentait encore des vestiges de la terrible lutte. J'ai compté 252 trous de balles dans le pignon d'une petite maison de la grande rue, située en deçà et en face de l'auberge à balcon dans laquelle l'Empereur a couché, après la bataille. Cette auberge est à environ cinquante mètres du fameux cimetière.

Les voilà ces lauriers, la voilà la vengeance
Qu'Eylau leur demandait : honneur à leur vaillance.

ENTREVUE SUR LE NIÉMEN.

Maintenant que l'armée a couvert notre nom
De ce suprême droit conquis par le canon,
Aura-t-elle acheté noblement une trêve,
Ou faut-il que la paix nous soit toujours un rêve ?
La France, la Russie, après de tels combats,
Pour se donner la main feront-elles un pas ?
Alexandre subit l'ascendant du génie
Contre lequel en vain l'Europe est réunie ;
Il aspire au repos, comme ayant assez fait
Pour imposer au monde et justice et respect.
Sa nation, d'ailleurs, dans son humeur altière,
Comme une autre a senti tous les maux de la guerre,
Les grands n'en ont porté qu'un insensible faix,
Et l'humble, en sa chaumière appelle à lui la paix.

Et quels ambassadeurs, à la science ardue,
Vaudraient des souverains une intime entrevue !

Pour que leur juste orgueil, que leur front couronné
Ne souffrent pas du rôle à chacun destiné,
Sur le cours du Niémen, qui marque la frontière,
On pourrait amarrer une barque légère,
Point d'appui d'une tente, et d'un double étendard.
Les deux grands empereurs s'y rendraient *par hazard*,

Et pour complaire en tout à l'autocrate Russe,
Il se présenterait avec le Roi de Prusse,
Ce prince résigné, dont le noble malheur
A commandé l'estime et rehaussé l'honneur.

Ces points étant réglés, vers l'une et l'autre rives,
Dont les bords sont ornés des couleurs les plus vives,
Bondit en même temps un brillant escadron,
Escorte d'Alexandre et de Napoléon.
On échange un salut. — A cette courtoisie.
Qui ne distingue pas l'Europe de l'Asie,
Pourrait-on soupçonner et voir deux ennemis?

Les ennemis d'hier désormais sont amis ;
Car sur le frêle esquif, sous l'abri de la tente
Qui tient les nations dans une immense attente,
Chacun, en abandon s'est voulu surpasser,
Et, plein d'émotion, l'on vient de s'embrasser.

ERFURT..

De ce rapprochement, les graves conséquences
Ne se préciseront que dans des conférences
Où l'on établira pour les belligérants
Les points qui désormais cloront leurs différents.
L'importance d'Erfurt désigne cette ville
Au choix des Souverains ; et ce séjour tranquille
Va voir dans ses vieux murs éclater des splendeurs
Dont Francfort-la-superbe envîrait les honneurs.

8.

Des plus puissants États, des diverses Provinces,
Ce que le continent a de Rois et de Princes
Se rendra, par devoir, auprès des Empereurs,
Et de Napoléon briguera les faveurs.
Celui-ci, constamment soucieux de sa gloire,
Entend que ce Congrès, dans la moderne histoire
Ait une noble page ; et qu'à ses Généraux,
Dont les Princes seront à peu près les égaux,
Se joignent, et sa Cour, et tout ce que la France
A de grand dans les Arts, les Lettres, la Science.
Il veut que ce théâtre, où s'illustre Talma,
Où Mars est sans rivale, où George se forma,
Transporté sur le champ des rives de la Seine
Au sein de l'Allemagne, y prépare une scène,
Dont le luxe, le jeu, les sujets, les auteurs
Seront dignes de lui, dignes des spectateurs.

« Venez faire admirer dans Corneille et Racine
« Les dons que vous tenez d'une faveur divine,
« Venez faire vibrer votre puissante voix,
« Venez, je vous promets un parterre de Rois. » (1)

C'est ainsi qu'écrivait au prince du théâtre,
Dont le monde élégant se montrait idolâtre,
Un acteur, dont le rôle ébranla l'univers,
Et dont la grandeur seule égala les revers.

(1) Historique et textuel.

Et donnons carte blanche à la diplomatie ;
Qu'elle accorde à loisir la France et la Russie :
Si le plateau fléchit du côté du vainqueur,
Que l'illustre adversaire y pèse avec honneur :

L'ESPAGNE. (1807. 1808. 1809).

Des plus grands conquérants l'histoire universelle
Porte un enseignement inutile avec elle.
Tel homme qui paraît disposer du destin
Voit tout à coup l'empire échapper à sa main,
Comme si Dieu voulut que la nature humaine
A de moindres projets limitât son domaine.

Boileau, maître inflexible, austère conseiller,
N'hésitait pas à dire au poète-écolier :

« Qui ne sait se borner ne sut jamais écrire. »

« Qui ne sait se borner *travaille à se détruire*, »

Dis-je aux ambitieux, dis-je à ce souverain,
Dont la soif du pouvoir, sans bornes et sans frein,
Expose son pays, compromet sa couronne,
Fait le malheur de tous, sans bonheur pour personne,

§

L'Espagne n'était plus au temps de sa splendeur ;
Ses gouvernants étaient plongés dans la torpeur
Ou dans les voluptés. Une reine, infidèle
Aux leçons, aux vertus de la grande Isabelle,

Laissait au plus hardi des vulgaires amants
Le pouvoir de régner sur les fiers Castillans ;
Et les concussions, et la galanterie,
Ruinaient le trésor, l'honneur de la Patrie.

Mais le peuple, attaché saintement à ses Rois,
Se tenant pour heureux de vivre sous leurs lois,
Leur conservait toujours ses respects domestiques,
S'abstenait de gémir des misères publiques,
Et, plein d'obéissance et de noble douceur,
Tranquille, il attendait un temps qui fut meilleur,
Sans maudire un chaos, sans flétrir une Reine
Dont les débordements ne se cachaient qu'à peine ;
Exemple rare et beau, d'une fidélité
Qui sait survivre, intacte, à tant d'indignité.

Dans un pareil désordre, il paraissait facile
De montrer à ce peuple, aux abus si docile,
Qu'étant mal gouverné, son premier intérêt
Était d'abandonner le prince qui régnait,
Pour se donner un Roi, pour accepter un Maître ;
De ceux qui, d'un seul trait se font assez connaître :
Un français, en un mot, frère de l'Empereur :

Fatale illusion, épouvantable erreur !
Les peuples animés d'un vrai patriotisme
Ne s'éblouissent pas aux lueurs d'un faux prisme.
Celui-ci se réveille, à l'aspect du danger ;
Son sentiment repousse un pouvoir étranger,

Et, prenant son parti, dans son indépendance
Il tient, sans balancer, ce langage à la France :

« Nos rois sont imparfaits, mais nous aimons nos rois;
« Leurs noms sont les premiers qu'on apprit à nos voix.
« Nous savons leurs vertus, ignorons leurs faiblesses.
« Laissez-nous indigents, conservez vos richesses ;
« Nous fûmes, on le dit, quelquefois vos vainqueurs,
« Et vous combattrions, sans voir mollir nos cœurs.
« Nous regardons nos lois, nos princes, nos usages,
« Aux vôtres comparés, comme tout aussi sages ;
« Restez en paix chez vous, ne passez pas les monts
« L'Espagnol n'a jamais supporté les affronts. »

§

Mais lorsqu'un Conquérant médite une entreprise,
Sa résolution n'est jamais indécise ;
Il caresse, il poursuit, pas à pas, son dessein,
Soit qu'il le manifeste ou le garde en son sein,
Tout prêt à revêtir d'une forme loyale
Son but et ses moyens.

    La famille royale
Qui règne sur l'Espagne, a pour Napoléon
Un sentiment qui tient de l'admiration ;
Elle aime à se montrer pleine de déférence ;
Et voulant se grandir à l'ombre de la France,

Elle vient protester d'une soumission
Qu'ignorait jusqu'alors sa fière nation. (1)
L'Empereur, qui sourit à cette obéissance,
S'estime assez puissant pour imposer silence
A de vaines clameurs, aux forces d'un pays
Dont le sort, désormais en ses mains est remis.
Mais ce pays refuse une indigne tutelle ;
L'Espagne est assez grande et ne veut être qu'elle ;
Et si Napoléon tente de la dompter,
Tout ce qui porte un cœur saura lui résister

§

La guerre entre les Rois, les guerres ordinaires,
Ont un but, une allure, un cachet éphémères,
Dont certains différends expliquent le sujet ;
Et lorsqu'à tous les yeux l'honneur est satisfait,
Pour ne pas prolonger une lutte sanglante
On transige, on désarme, on rentre sous la tente.

Mais quand la guerre éclate, et trouve un aliment
Dans la nation même, et dans chaque habitant ;
Qu'on expose une armée aux fureurs populaires
Qui font des citoyens autant de volontaires ;
Quand un vaste pays, couvert, accidenté,
Permet que l'agresseur soit partout arrêté,

---

(1) On sait en effet que le roi Ferdinand, qui, dans ses lettres à l'Empereur s'appelait son fils respectueux, avait souscrit à tout.

Celui-ci perd alors son plus grand avantage,
Car le soldat doit moins sa force à son courage,
Qu'à cet habile ensemble et de feux et d'élan
Que derrière un rocher brave le partisan.
Un soldat n'est qu'un homme, et dans chaque village
Il en peut trouver vingt campés sur son passage.
On ne marchera donc que par détachements ;
Mais, même en présentant partout des régiments,
Les femmes, les enfants, que la rage aiguillonne
Égorgeront tous ceux qui, loin de la colonne,
Malades, ou blessés, ont dû s'en écarter.
Enfin, comment songer à faire subsister
Des troupes que la haine assassine, empoisonne,
Au nom du fanatisme, et des ordres qu'il donne ?

Et voilà les dangers d'un rêve ambitieux !
L'Espagne s'arme en masse et se confie aux Cieux.

§

L'Empereur, cependant, y dirige une armée,
Et de ses légions la juste renommée
Jette avec la douleur l'effroi dans le pays.
Mais leurs rangs comptaient peu de soldats aguerris,
Et le climat brûlant, joint aux marches forcées
En ont fait promptement des troupes harassées,
Qui laissent en arrière, à la merci du sort
Des hommes bientôt pris, et bientôt mis à mort.
Ces lâches attentats sur des gens sans défense,
Trop souvent répétés, ont rempli d'espérance

L'esprit national. Les régiments royaux,
Qui, naguère en Europe, avaient peu de rivaux,
Font sur différents points un noble apprentissage,
Le terrain des combats s'élargit davantage,
Et les succès, plus tard, devenant incertains,
Des corps Français, cernés, à Baylen sont contraints
De recevoir la loi. — Ces soldats invincibles,
Ils avaient succombé sous les efforts terribles
D'autres soldats conduits par l'amour du pays ;
Et des hasards cruels, aussi, les ont trahis (1).

§

Ces essais, ces débats, et ces alternatives,
Blessent Napoléon, aux façons décisives.
Les Anglais vont daigner fournir un contingent
Aux Rois soldés par eux sur le vieux continent.
Leurs vaisseaux ont cinglé, droit sur la Péninsule,
Il en reçoit l'avis, et dans son cœur il brûle
De les joindre. — Il saura les jeter à la mer,
Les exterminer tous, par les eaux ou le fer ;
Déjà, l'habile Soult les a mis en déroute,
Mais l'avenir, pourtant, est encor plein de doute,
Et, d'un autre côté, l'Espagnol enivré,

---

(1) Cela peut s'énoncer, sans craindre que l'histoire vienne infirmer un fait que je tiens fort à croire ; et j'en prends à témoin un très illustre auteur dont la véracité rehausse le labeur. (M. Thiers.)

De nos terribles coups se croyant délivré,
Se dessine en vainqueur, en maître de la terre.

§

Qui se vante aujourd'hui, demain pourra se taire.
Napoléon traverse et la France, et les monts,
Et va laver d'abord nos trop publics affronts.
Des forces de l'Espagne il triomphe sans peine,
Garde les défilés, et s'asseoit dans la plaine.
Tout rentre dans le calme; et contre les Anglais
Il va faire marcher ses troupes par relais.
Qui peut lui résister, qui peut oser l'attendre,
Quel que soit le parti qu'il se décide à prendre?

GUERRE CONTRE L'AUTRICHE. (1809. ESLING. WAGRAM.)

Mais il est un État, dont la rivalité
Peut-être héréditaire, a toujours suscité
Des malheurs à la France, et j'ai nommé l'Autriche.
Les Anglais ne l'ont pas encore faite assez riche
En payant mainte fois le sang de ses sujets.
Elle a donné les mains à de nouveaux projets,
Et ces nouveaux projets n'étonneront personne.
A l'entendre, il s'agit d'assurer sa couronne;
Il s'agit, en effet, d'exploiter le danger
Dans lequel l'Hibérie a pu nous engager;
Il s'agit notamment d'assister l'Angleterre
Qui se résout enfin à combattre sur terre.

Quoi! nous allions, jadis, affrontant leurs vaisseaux,
Fondre sur les Anglais, brûler leurs arsenaux,
Et Mack s'empare d'Ulm, de Vienne on nous menace,
Et cette agression fait tout changer de face;
Et ce camp, ces efforts, ces quatre ans de travaux,
Dignes d'un grand génie et des progrès nouveaux,
Tout à coup délaissés, contre le téméraire
Se tournent, et le font rentrer dans la poussière;
Mais l'Anglais est sauvé !...
     Son esprit infernal
Discerne qu'aujourd'hui, dans un péril égal,
Il importe, à tout prix, de détourner l'orage
Qui demain grondera sur sa tête, et le Tage;
Et c'est l'Autriche encore dont la vénalité
Attirera sur elle un destin mérité.

§

Déjà ses bataillons sont entrés en Bavière.
Le roi sort de Munich et se jette en arrière
Ignorant si la France, en ce pressant danger,
Dans un soudain effort pourra le conjurer.

Mais, prompt comme l'éclair, du fond de la Castille
Napoléon arrive, et son regard qui brille
Rassure en un instant les plus intimidés.

Généraux, colonels, près de lui sont mandés.
Davout et Masséna peuvent se mettre en ligne,

Et le corps Bavarois de tels voisins est digne.
— On marche, et Ratisbonne entend nos premiers feux,
Tirés par des conscrits, qui demain seront vieux.
— Eckmühl acquiert un nom d'une importante affaire
Où Davout se révèle habile homme de guerre.
— Ebersberg voit livrer un combat acharné
Tel qu'aux plaines d'Eylau l'exemple en fut donné.

— Le Danube est à nous. Désormais la victoire
Va couronner nos vœux ; et laissons à l'histoire
Le soin de proclamer que les soldats français
N'ont voulu que dans Vienne arrêter leurs succès.

§

Mais tout n'est pas fini. L'armée autrichienne
Retirée en bon ordre en abandonnant Vienne,
Au delà du Danube a pris position.
On ira l'y chercher si la tentation
N'est pas à trop haut prix. Le fleuve est un obstacle
Tel que pour le franchir, il faut presque un miracle ;
Et si, l'ayant franchi, nos ponts sont menacés,
Entre le·fer et l'eau nous trouvant entassés,
Nous pouvons succomber, vaincus, couverts de honte.

Quoiqu'en admettant tout, même un si grand mécompte.
Quelquefois à la guerre, on doit faire une part,
Grande à l'habileté, très restreinte au hasard ;
Et c'est par là qu'on voit ce qu'ose la science

Quand, des soldats qu'on a, on connaît la vaillance;
Le surplus n'appartient qu'à des cœurs timorés,
Et c'est pour craindre tout que Dieu les a créés.

§

Ces ponts, ils sont jetés. L'armée est rayonnante.
Le tambour l'électrise et le danger l'enchante.
— Où vont-ils, ces soldats, si gais et si soumis ?
— Ils courent affronter le feu des ennemis;
Et n'est-ce pas ainsi que, jadis au village
Les anciens racontaient qu'ils faisaient à leur âge ?
Qu'importent le Danube, et ses bords, et ses eaux :
La gloire a des lauriers partout pour les héros.

§

Cependant et tandis que d'espoir on s'abreuve,
Un orage, un déluge, a fait grossir le fleuve.
Son cours, en rappelant les fureurs de la mer,
Ébranle nos pontons, tend leurs liens de fer,
Et sa rapidité donne une inquiétude
Dont notre heureuse audace a bien peu l'habitude,
Quand, au loin, l'on distingue un immense radeau
Qui vogue à l'abandon, et qui bondit sur l'eau.
— Comment, par quels moyens maîtriser sa puissance?
Après quelques instants d'angoisse et de silence,
Un choc épouvantable, un craquement sans nom
D'un malheur sans remède instruit Napoléon.

§

C'est dans l'adversité que les grands caractères
Impriment leur vigueur aux âmes ordinaires.
L'Empereur ne paraît ni troublé ni surpris ;

« Soldats, dit-il, sachons nous défendre à tout prix.
« Ne comptez plus sur rien, que sur votre courage ;
« Au péril qui vous presse opposez votre rage ;
« Léguez un bel exemple aux soldats à venir,
« Il s'agit aujourd'hui de vaincre ou de mourir. »

L'ennemi croit à lui les destins de la France,
Mais il a calculé sans notre résistance.
C'est encore Oudinot (1) qu'il trouve au premier rang,
Contre ses grenadiers tout devient impuissant.
Montebello, Foulers (2), Espagne, Saint-Hilaire,
Vingt mille braves gens ont mordu la poussière.

(1) Oudinot, à la tête des grenadiers-réunis, luttait depuis longtemps contre les attaques réitérées d'une partie des forces autrichiennes. L'Empereur, appréciant l'importance de cet acte de vigueur, avait envoyé successivement deux officiers au général. Le premier, ayant l'ordre de lui demander s'il tiendrait encore *une heure*, en avait reçu une réponse affirmative. Le second officier s'étant présenté, bientôt après, au général, était chargé de lui adresser la même question, mais ayant pour objet *une nouvelle heure*. Oudinot s'écria alors, d'un ton très animé : « Dites à l'Empereur que je tiendrai toujours. » Et donnons des regrets à tant de braves, morts autour de lui. — Après cette journée, les débris des fameux grenadiers-réunis rentrèrent à leurs corps, et la division cessa d'exister.

(2) Le général de Foulers, écuyer de l'Impératrice, réputé mort, fut relevé, sur le champ de bataille, par les Autrichiens, et fait prisonnier. Il commandait une brigade de cuirassiers de

Consolé par la gloire, on revêt un grand deuil :
Que le pays, du moins, le porte avec orgueil ;
Car lorsque tout faisait prévoir une défaite,
C'est l'ennemi, vaincu, qui sonne la retraite.

WAGRAM.

D'Eylau naquit Friedland, Wagram naîtra d'Essling.

L'Empereur rentre à Vienne, et son unique soin
Est de se préparer à réduire l'Autriche
Dans un suprême effort. — L'armée est assez riche
En vieux sous-officiers, en soldats excellents,
Pour qu'un vide cruel se comble dans leurs rangs.
Des fameux Grenadiers les larges cicatrices
Trouveront dans la croix le prix de leurs services ;
Les plus favorisés, pour un royal trésor
Ne voudraient pas changer leur épaulette d'or ;
Enfin, les généraux, des plus nobles fatigues,
Du plus pur de leur sang constamment si prodigues,

---

la division aux ordres du général Espagne, l'un des plus illustres chefs, et peut-être le plus bel homme de guerre de l'armée française, tué dans la même affaire.

A cette époque, le général de Foulers, épris d'une jeune femme, veuve d'un colonel, (que de veuves alors !), avait vainement sollicité sa main. — En recevant, par le Bulletin, la nouvelle de la mort du général, ses sentiments pour lui se déclarèrent avec sa douleur, et elle prit le deuil. — A sa résurrection, le général de Foulers n'eut pas grand'peine à tenir avantage d'un aveu si public, et si touchant.

De ce mariage est issu un fils unique, le comte de Foulers, dont l'élégance brillait, il y a quelques années, à Paris.

Recevront des honneurs, des titres, dont l'éclat
Récompense à la fois le chef et le soldat.

§

Oui, Wagram est venu, grande et terrible lutte,
Qui de l'Autriche enfin a consommé la chûte.
Napoléon triomphe. — Où sont ses ennemis ?
Après cette journée, ils se sont réunis
Sous Znaym, pour éprouver si leur persévérance
Arrêtera le vol des aigles de la France.
Vain espoir ! Cette épreuve s'ajoute à des revers
Que le destin de Mack prédit à l'univers ;
Tandis qu'un Armistice, et le canon qui gronde,
Promettent le repos, et le bonheur au monde ;
Promesse toujours douce, avenir toujours cher,
Qu'aujourd'hui l'on caresse, et qu'on berçait hier.

§

Mais n'énumérons pas les pertes qu'il en coûte
Pour suivre de la gloire et le but et la route.

— D'Hautpoul avait péri comme vainqueur d'Eylau ;
— Essling a vu mourir... j'ai dit Montbello,
Le moderne Bayard, l'homme au coup d'œil rapide,
Maître de lui toujours, et toujours intrépide.
— A Wagram, en héros, Lassalle a succombé ;
Au sein de la victoire, hélas ! il est tombé.

A voir tant de martyrs, de deuils pour la patrie,
La source des lauriers sera bientôt tarie ;
De nos propres succès l'on est épouvanté,
Tout bas on s'interroge avec anxiété ;
Et moi, moi, j'entendais dire, dans ma jeunesse,
A plus d'un vétéran, qu'inspirait la sagesse :
« C'est trop, c'est trop de sang ; oui, nous périrons tous,
« Et peut-être, qui sait ! nos enfants après nous. »

L'on était ; cependant, bien éloigné du terme ;
Et si, dans la fortune, on a le cœur fermé,
Lorsque tourne la roue, et survient le malheur,
Il pâlit plus d'un front, il mollit plus d'un cœur.

LE DIVORCE.

Détournons nos regards, bannissons ces pensées.
D'un temps prodigieux, les grandeurs traversées
Laissent bien peu de place aux plus doux sentiments.
Napoléon avait, sous la foi des serments,
Naguère uni son sort à celui d'une femme
Dont la bonté, l'amour, remplissaient toute l'âme.
Mais le Ciel les avait privés d'un descendant,
Et le sceptre du monde exige, qu'en mourant
L'Empereur, à son fils transmette un héritage
Dont l'immense splendeur doit rester sans partage.

La fille des Césars acceptera la main
Du vainqueur qui, jadis, n'avait rien d'un humain...
Voilà de tes hauts faits, cupide politique ;

Ta raison ne connaît que la chose publique ;
Egérie, aujourd'hui complice de Numa,
Tu vas rompre les nœuds que jadis il forma.

Et folle de douleur, la tendre Joséphine
Voit de son union consommer la ruine.
Jamais le désespoir ne brisa plus un cœur,
Que celui qu'elle éprouve, en ce jour plein d'horreur.
Puis, surmontant enfin le chagrin qui l'accable,
Elle prend une plume, approche de sa table,
Et ses doigts courageux tracent, quoiqu'en tremblant,
Ce célèbre billet qu'elle signe, en tombant :

« J'étais digne de toi. — Sans me rendre importune
« J'ai suivi, j'ai bercé, j'ai béni ta fortune.
« Mais, puisqu'à notre amour le Ciel refuse un fils,
« J'immole mon bonheur au bonheur du pays.
« Ah ! si, dans tes bontés, ton amitié fidèle
« Daigne me voir encor, comme quand j'étais belle,
« Joséphine n'aura pour toi, je le promets,
« Que sa reconnaissance, et de profonds respects. »

LE MARIAGE (1810).

La Princesse Louise a ceint cette couronne
Dont la paix est le prix, qu'un divorce lui donne.
Une autre Archiduchesse, en l'acceptant jadis
A payé de sa vie un écusson de Lys ;

Et par un préjugé, commun aux faibles têtes,
Elles ont constaté qu'à l'une et l'autre fêtes
Un même événement a consterné Paris.
Quand les pressentiments assiègent les esprits,
C'est que, de ses malheurs en compulsant la liste,
Le peuple, malgré lui, se surprend fataliste.

Admirons, cependant, ce tableau merveilleux
Sur lequel l'Empereur veut attirer les yeux.
Jamais solemnités plus grandes et plus belles
N'ont rehaussé le prix de plumes immortelles.
Les Romains demandaient « panem et circenses, »
« De la gloire toujours, » demandent les Français.
Sois-en donc saturé, peuple léger, peut-être,
Mais que tant de jaloux ont dû prendre pour maître ;
Mêle à tes chants ta joie, écoute ces canons,
Ils gravent dans les Cieux d'impérissables noms !

§

Un an s'est écoulé dans un éclat suprême :
Il n'est qu'un souverain, il n'est qu'un diadême :

La jeune Impératrice a noblement porté
Les premières douceurs de la maternité.
Son sein nous promet-il un Prince, une Princesse ?
— De l'aveugle fortune, inconstante déesse,
Napoléon n'a point rencontré les rigueurs ;
Toujours elle a voulu couvrir ses pas de fleurs,

L'azur de l'horizon pour lui n'a point de nue,
Mais, de l'adversité si l'heure est inconnue
Ne peut-on la prévoir ? — Il n'est point de mortel
Qui ne succombe, un jour : Dieu seul est éternel.

NAISSANCE DU ROI DE ROME (1811).

Le Vingt Mars s'est levé, jour d'espoir, jour sublime,
Qui, sous ses rayons d'or nous dérobe un abyme.

Un Prince a vu les Cieux, et ses débiles mains
Reçoivent, en s'ouvrant, le sceptre des Romains.
Et qui pourrait douter que notre heureuse France
Ait, par des cris joyeux, salué sa naissance ?
Un Prince, n'est-ce pas le plus grand des bienfaits,
Nest-ce pas, pour le monde, un symbole de paix ?
Sur son front sont écrits les destins de l'Empire,
Et l'univers, ému, s'incline à son sourire.

En naissant, il est Roi : Mourra-t-il Empereur ?
— Hector, époux et père, ignorait le malheur,
Et, de ses jeunes ans, les plaisirs et la gloire
Devaient, de leur éclat occuper seuls l'histoire.

Oui, l'infortune touche à la prospérité,
Elles marchent ensemble à la postérité :
Hymen, gloire, bonheur, tout nous est éphémère ;
Les fruits dus à la paix sont ravis par la guerre.

Le puissant peut faillir, le faible a des faveurs
Qui mettent en échec les grands calculateurs ;
Tel s'apprête à saisir avec l'ombre la proie
Qui choisit, pour la prendre, une funeste voie ;
Et que lui reste-t-il, dans cette extrémité ?
Rien, souvent, rien, qu'un sort plus ou moins mérité.
On est fort, on est craint ; on dort sur une épée
Au foyer du génie, et dans le sang trempée.
Mais il faut redouter toujours deux ennemis :
Le premier, je le vois dans de lâches amis,
Dans ces amis de Cour, dont l'adroite bassesse
Flatte du souverain les goûts et la faiblesse ;
Je rencontrerai l'autre, en des rangs opposés,
Au sein des nations, dont les vœux abusés,
Comprimés sous le poids d'une main étrangère,
A de nouveaux débats rouvriront la carrière.

DISPOSITIONS DE L'EUROPE.

L'Europe a succombé, l'Angleterre est debout.
Maîtresse de la mer, elle a pu braver tout ;
Sur l'Océan, naguère, elle a vaincu la France,
Et la mort de Nelson, inutile vengeance,
N'a pas rendu la vie aux dix mille héros
Ou tués à leur bord, ou plongés dans les flots.
Trafalgar, Villeneuve, en ce jour lamentable,
Ont couvert le pays d'un deuil ineffaçable ;

Et ce sanglant désastre est une ombre au tableau
D'un temps, que le destin fit si grand, et si beau.

L'horizon n'est donc pas d'un éclat sans nuage.
Comme, aux jours orageux, l'on cherche, de la plage,
A distinguer si rien n'annonce à nos Cités
Ces colères du Ciel, et ces calamités
Qui montrent aux humains le néant de leur être,
Ainsi, quelques esprits, trop alarmés, peut-être,
Aperçoivent au loin, sans les bien mesurer,
Des périls qu'on ne peut assez tôt conjurer.

Albion, je le sais, à Lisbonne, en Espagne,
Tient seul contre nous une active campagne.
Cette grande rivale a fait choix d'un terrain
Que l'œil de l'Empereur regarde avec dédain.
Mais, du nord au midi, des plaintes, des souffrances,
Infaillibles effets de dures exigences,
Montent au front des Rois. — Le Czar, impatient,
Oublieux des traités, et d'un ancien serment,
Ferme les yeux, et laisse entrer dans son empire
Les produits étrangers auxquels son peuple aspire :
« C'est que les maux d'un peuple ont leurs bornes,
[leurs droits,]
« Et que nos vrais besoins sont d'invincibles lois. »

J'énonce ces raisons. Si l'on doit les admettre,
J'y vois que l'intérêt est un terrible maître ;
Qu'à tout considérer il guide seul nos pas ;
Qu'il ose tôt ou tard, ce qu'il dicte tout bas.

Or, pour Napoléon, l'intérêt de la France,
(Il n'en connaît pas d'autre), est que chaque puissance
A laquelle, en vainqueur, il a dicté la paix,
Soit docile à fermer son rivage aux Anglais.
La moindre infraction à ce parti sévère
Rend nuls de longs efforts, et sauve l'Angleterre
Dont la vaste industrie est bientôt aux abois :
La dompter, ou trahir, tel est l'unique choix ;
Mais souffrir désormais qu'en cette alternative
La lettre des Traités ne soit pas effective,
C'est sacrifier tout, la cause, son salut,
La grandeur du moyen, et son suprême but.

Aussi, dès que le Czar fait entendre un murmure,
La France croit pouvoir soupçonner un parjure ;
Et s'il prétend agir en toute liberté
Nous lui disons : « Lisez, relisez le Traité,
« Le Traité vous oblige, et votre honneur vous lie,
« Tout devoir est étroit, tout breuvage a sa lie,
« Qu'importe le présent, songez à l'avenir ;
« Encore un noble effort, et vos maux vont finir. »

A quels périls expose un état si contraire !
Quand le droit fait gémir, le droit semble arbitraire,
Mais en l'interprétant chacun à sa façon,
La guerre en sortira, dans un triste unisson,
Au mépris des conseils que dicte la sagesse,
Des peuples et des Rois tutélaire déesse.

Ainsi, malgré la gloire, et ses fruits apparents,

L'avenir est chargé de gros événements ;
Le midi nous résiste, et le nord nous menace
En termes ambigus, de faire volte-face.
A quoi consacre-t-il ses soins et son repos?
Aux apprêts d'une lutte, au bruit des arsenaux.
Le calme des esprits offre d'autres symptômes ;
Il ne leur montre pas de sinistres fantômes ;
Pour eux le clairon dort, le tambour est muet,
Il règne aux champs de Mars un silence discret,
Et la sévérité d'une douce atmosphère
Ne prive d'aucuns bras les labeurs de la terre. (1)

(1) Ce que j'avance là est contraire aux énonciations de M. Thiers. M. Thiers affirme, sans hésiter, que la Russie ne prévoyait pas notre agression, et qu'elle n'était pas préparée à une lutte contre la France, lorsque l'armée française a menacé sa frontière.

Cela est radicalement inadmissible, et absolument contraire aux faits dont il existe encore des témoins, ne fût-ce que l'auteur du présent écrit. Les documents diplomatiques consultés par l'illustre historien peuvent lui avoir fourni des indications incomplètes, ou erronées, sur ce point capital, dans un intérêt qui se comprend, dans celui des Puissances qui, ayant triomphé de la France, ont seules fait entendre leurs voix, et ont disposé de toutes les chancelleries, pendant l'occupation. Mais pour les survivants de cette mémorable expédition, c'est l'inverse de ce qu'énonce M. Thiers qui est la vérité. En effet, partout, en ce qui décèle les éléments d'une défense énergique; dans l'ensemble, dans les détails de l'organisation de cette défense, et de la constitution d'une puissante armée, nous avons trouvé la Russie prête à soutenir la lutte. J'en citerai un exemple frappant.

Le 2ᵉ corps (Oudinot), après avoir passé le Niémen, ayant appuyé à gauche, se présenta devant Dünabourg. La confiance du Maréchal dans la valeur de ses troupes, dans leur incomparable ardeur, lui ayant donné à penser qu'il pourrait enlever cette place, au moyen d'un de ces coups de main que ses fameux grenadiers lui avaient jadis rendus familiers, il lança sa première division (Legrand) sur les ouvrages de la place. Mais elle fut reçue avec une grande vigueur ; et après la perte de quelques

Nous devons donc prévoir, à des signes certains,
Un conflit gigantesque, et des combats lointains,
Livrés par des rivaux, dont l'égale puissance
Dans la raison des Rois a mis sa confiance.

braves gens (du 26ᵉ léger notamment), qui s'étaient fait tuer dans les embrasures des batteries ennemies, le maréchal dut ordonner la retraite. — C'était là notre début. — Longtemps après, le maréchal Macdonald, avec le 11ᵉ corps, ne se rendit maître de Dünabourg qu'à la suite d'un siège en règle.

Ainsi, quelque scrupuleux, quelque bien informé qu'ait été généralement M. Thiers, il est permis, à l'aide de souvenirs parfaitement présents, de contester l'innocuité, l'étonnement, l'absence de dispositions défensives, qu'il prête au gouvernement russe. Et qu'on me permette une réflexion : personne n'ignore à quel point la diplomatie moscovite est habile et cauteleuse. Nulle autre n'a poussé plus loin l'art et le bénéfice de l'espionnage ; à cette époque-là même, la France en a fait l'expérience, puisque le célèbre Czernichef, (depuis comblé par son souverain d'honneurs et de dignités), a conduit à l'échafaud un employé des bureaux de la guerre, nommé Michel, qui lui avait communiqué le livret d'emplacement des troupes. Or, indépendamment de ses manœuvres occultes, la diplomatie russe avait sous les yeux les choses les plus palpables. — Depuis la fin de l'hiver 1811-1812, les corps de l'armée française convergeaient, de l'ouest et du midi de l'Europe, vers l'empire russe. Le 2ᵉ corps était réuni à Munster, en février. En avril, mai, juin, il occupait successivement Magdebourg, Berlin, Marienwerder, où il donnait la main au 1ᵉʳ corps (Davout) ; tandis que celui-ci, avec près de cent mille hommes, naguères concentrés à Hambourg, cantonnait de Königsberg à Dantzig. Neuf autres corps s'avançaient plus à droite, et remontaient, perpendiculairement au Niémen ; ils encombraient toutes les routes, toutes les étapes connues et inconnues. L'on ne peut donc mettre en doute la connaissance parfaite de la situation, aussi bien à Moscou et à Pétersbourg, qu'à Berlin, à Vienne, à Dresde, à Varsovie ; et il faut y puiser la cause des immenses préparatifs de la Russie. On peut les justifier, mais il est impossible de les dénier. Au surplus, pour les apprécier, il aurait suffi d'observer la magnifique tenue, l'excellent armement, l'effectif respectable de ses troupes, si l'honorable résistance qu'elles ont opposée à l'armée française n'avait attesté les dispositions les plus colossales et les mieux calculées.

Cela posé, que la Russie ait affecté de rester sur la défensive, et de rendre l'Europe témoin de notre provocation ; qu'elle fût

Sans doute on se ménage, on maintient des égards
Dont le mépris pourrait, en blessant les regards
Eclairer, ou troubler l'opinion publique :
A de meilleurs moyens recourt la politique,
Et semblable, en ce point, à des conspirateurs
Qui gardent un dessein dans les plis de leurs cœurs
Jusqu'au jour opportun, elle ne se déclare
Qu'au moment de porter le coup qu'elle prépare.

Et, qui devra se prendre au lacs qu'elle a tendu ?
L'histoire et nos malheurs ont déjà répondu.

DISPOSITIONS PRISES EN VUE DE L'OUVERTURE DE LA CAMPAGNE.

Le débat, cependant s'élabore en silence,
Et les apprêts s'en font sur une échelle immense.
Du Tage jusqu'à l'Elbe, à Madrid, Naples, Hambourg,
Des ordres, des essais, répétés chaque jour,

même bien aise de demeurer en paix avec la France, en tolérant la contrebande, et en ménageant l'Angleterre, rien n'est plus certain. En définitive, elle aurait voulu éluder des traités incommodes, et éviter la guerre. Mais Napoléon n'était pas homme à se payer de demi-raisons, à se contenter d'un jeu double. Avec son coup d'œil, avec son habitude d'aller au fond des choses, il avait vu clair ; et sans examiner ici si son expédition était sage ou téméraire, elle était assurément logique, elle était conforme aux premiers intérêts de sa puissance et de sa cause. L'insuccès seul en a trahi la légitimité ; et comme la domination française était devenue écrasante, le monde entier a applaudi à nos revers ; en cela, le sentiment public a été plus instinctif qu'équitable.

Le *vœ victis* sera éternellement le dernier mot des grands débats.

Voudraient en vain cacher qu'un projet formidable
Occupe un grand génie, et son bras redoutable,
Comme, aux feux du printemps, un horizon serein
Recèle, et formera la foudre dans son sein.

    Mais, qui peut s'y tromper ? Tout respire la **guerre**.
L'enclume et le marteau font jaillir la lumière,
L'armée a vu grossir ses nombreux bataillons,
Le granit des cités gémit sous les canons ;
Des troupes ont franchi d'incroyables distances ; (1)
On les pourvoit d'outils, de moulins, (2) d'ambulances,
Et de nouveaux transports, d'un modèle éprouvé
Disent à quel usage il sera réservé. (3)

§

Davoust, qui, dès longtemps, comprime l'Allemagne,
A cent mille soldats ouvrira la campagne.
— Il précède Oudinot. — Brave, qui que tu sois,
Voici Ney, dont le nom fut *Ajax*, autrefois.
— L'armée Italienne échoit au prince Eugène,
Qui porte, de l'Adda, sa gloire au Borysthène.

(1) Nous avons vu arriver sur la Dwina, des régiments qui venaient des portes de Lisbonne, de Santarcin. Ils étaient en marche depuis quatre mois.
(2) L'administration de la guerre avait fait établir des *moulins à bras*, destinés à rendre praticables des distributions de blé. Les péripéties de la campagne, en rendant cette invention inutile, ont démontré que l'inconnu joue un plus grand rôle que la prévoyance dans les entreprises gigantesques.
(3) Moyen de transport à l'usage des amputés, et des grands blessés.

— Huit autres puissants corps, au loin échelonnés,
Viendront prendre les rangs qui leur sont destinés.
— Quatre cents escadrons suivront l'infanterie ;
— Mille bouches à feu, les engins du génie,
Les réserves, les parcs, les pontons et le train.
En sillonnant l'Europe approchent du Niémen,
Et ne dirait-on pas qu'un fabuleux cratère
Lance des Légions, pour en couvrir la terre ?

Jérôme, Macdonald, Murat, Saint-Cyr, Junot,
Victor, Eblé, Montbrun, Chasseloup, Augereau,
Combien de noms fameux, et tous chers à la France,
Vont encore retremper leur antique vaillance !
A voir tant de grandeur, plus d'un peuple soumis
N'osant pas se ranger parmi nos ennemis,
Sauf à répudier une cause importune
Ira, sans murmurer, suivre notre fortune.

Ainsi, tout l'Occident, dans un commun effort,
Colosse aux mille bras, marche contre le Nord ;
C'est un volcan humain, c'est une immense trombe :
O ! mânes de Xerxès, secouez votre tombe !

RÉSOLUTION DE L'EMPEREUR ALEXANDRE.

Mais n'imaginons point que le Czar, sommeillant,
Nous laisse disposer du sort de l'Orient.

En livrant à l'oubli la foi qu'il a jurée :
« Nous saurons soutenir une lutte sacrée, »

Dit-il à ses sujets. « Le Ciel sera pour nous,
« Et notre Souverain se repose sur vous.
« Nous avons des soldats, du fer, et du courage ;
« Notre histoire a fourni plus d'une noble page,
« Pour la mieux méditer, à genoux ouvrons-là ;
« Gloire, Patrie, honneur, avenir, tout est là :
« Ecoutez :
    « L'ennemi menace nos frontières,
« Le berceau de vos fils, le tombeau de vos pères.
« Il vous faut ou les perdre, ou combattre pour eux.
« Mourir pour son pays, c'est le plus saint des vœux,
« Et sachez ce que Dieu garde à notre défense.
« Supposez l'ennemi sur notre sol immense,
« Plus il y suit nos pas, et plus il s'affaiblit ;
« Jusque dans ses succès il s'use et nous grandit,
« Puisque nos bataillons, à mes ordres fidèles,
« Se repliant toujours sur des forces nouvelles,
« Imposeront leur nombre aux forces des Français,
« Qui trouveront partout la mort dans nos guérets.
« Il nous suffira donc de prolonger la guerre
« Pour qu'à nos agresseurs elle soit meurtrière.
« L'hiver les atteindra : le froid, sous notre ciel,
« Pour d'inaccoutumés est d'un effet mortel,
« Et nous pourrons leur dire, en bravant leur menace :
« Vos feux, ils s'éteindront dans nos plaines de glace ;
« Oui, décembre, janvier, ce sont des généraux
« Que n'a jamais vaincus le plus grand des héros.

« Aux armes, mes enfants ! Les armes sont légères
« A qui sait les saisir pour l'amour de ses pères. »

§

Il dit, se fait comprendre, et depuis l'Anadyr (1)
Jusqu'à Simféropol, nul n'exhale un soupir.
Une nombreuse armée opère en Volhinie,
On se hâte d'offrir la paix à la Turquie,
Sans pressentir qu'un jour, mais en vain, Tchitschakoff
Tentera de nous vaincre au pont de Borizow.
— On caresse la Suède ; — on flatte l'Angleterre ;
— L'Amérique s'est plainte, on va la satisfaire ;
— On peut récriminer contre Vienne, Berlin,
Et d'autres déserteurs des intérêts du Rhin !
Que leur ingratitude, à Moscou semble dure,
Ne craignez pas pour eux un reproche, un murmure,
Jamais un souverain, jamais le Russe, altier,
N'a plus courbé son front sous un mortel danger :
Pierre, ferme les yeux ! Toi, frémis, Catherine !
Mais de ton peuple on veut conjurer la ruine,
Et tout chemin convient, à qui sait le choisir
Moins pour paraître grand, que pour le devenir.
Jadis, à l'Iliade, il fallut un Homère
Qui rendît immortels les vainqueurs de la terre,
Boileau chanta Louis, comme Voltaire, Henry.
D'exploits plus merveilleux notre temps s'est nourri,

(1) Fleuve qui a son embouchure au sud du détroit de Behring.

Et c'est leur seul éclat, et c'est leur grandeur même,
Qui, dans un fol essor poussant tout à l'extrême,
Ont, hélas transformé notre gloire en revers.

Qu'un étonnant génie ébranle l'univers,
On le peut concevoir. — Mais les choses, les hommes,
Sous d'immuables lois restent tels que nous sommes;
Et lorsqu'un édifice est trop grand par le haut,

Il faiblit par le pied et doit tomber bientôt.

A des projets sensés bornez une entreprise ;
Contre les éléments tout s'émousse, et se brise :
La faim, la soif, le froid, triomphent de soldats
Que le fer ennemi ne moissonnerait pas.
O Rois, épargnez donc un peu l'espèce humaine !
Sa vie est dans vos mains, vous y pensez à peine;
Le sort de tout un peuple, allez-vous le jouer ?
Dieu vous le confia, mais non pour l'immoler.

PASSAGE DU NIÉMEN.

Qui pourrait néanmoins, avec indifférence
Retracer des hauts faits, l'honneur de notre France,
Avide de lauriers qu'elle paya trop cher.
Hélas ! ils ont sombré sous le poids d'un hiver
Jusqu'alors sans égal, et mortel, dans ces plaines
Où le sang le plus chaud se glaça dans les veines.

Cette admirable armée, elle marche et franchit

Le Niémen, étonné qu'on l'insulte en son lit
Et qu'on trouble son cours. Contre de tels outrages
La foudre, en protestant, gronde sur ses rivages. (1)
Mais il faut remonter à des temps fabuleux
Qui doivent leur renom à des témoins douteux,
Pour comparer leurs traits à ce fameux passage,
L'orgueil du téméraire, et la douleur du sage.
Thiers l'a mis sous nos yeux, dans un vaste tableau
Dont l'exacte ordonnance est l'idéal du beau.
Trois ponts sont disposés, gardant un intervalle
Qui donne à leurs pivots une distance égale.

(1) La superstition a exploité la signification de ce fameux orage. — Pour répondre aux superstitieux, M. Thiers énonce (Tome XIV, page 30), que : « Le passage de Niémen, le 24 juin, « à Kowno, ne fut précédé d'aucun signe alarmant, comme on « dit que le fut chez les Romains la mort de César ; que seule- « ment il est vrai que vers la fin de la journée, on essuya un « court orage. »

Dans ce récit, M. Thiers ne s'écarte pas sensiblement de la vérité. Mais, dans une première note, du tome XIII, page 563, il rapporte ce qu'il suit :

« Un orage eut lieu, en effet, mais plus loin, et quelque « jours plus tard ; c'est l'armée d'Italie qui l'essuya, en passant « le Niémen, à Prenn. »

Ici, il y a erreur, ou confusion. Dans tous les cas il importe de rétablir la vérité.

La vérité, déclarée, affirmée, par l'auteur du présent écrit, témoin occulaire, la voici; elle justifie le vers ci-dessus, qui fait allusion à l'événement. On déclare donc ce qui suit :

1° Dans la soirée du 24 juin, une heure, peut-être, avant le coucher du soleil, un orage *très violent*, a accompagné le passage des troupes à Kowero.

2° C'est à partir du troisième ou du quatrième jour, après le passage du fleuve, que nous avons été assaillis, pendant quatre-vingts heures, consécutivement par cette pluie froide et serrée, qui a fait périr au bivac, et pendant la marche tant d'hommes et de chevaux. Le 2ᵉ corps (Oudinot), en a beaucoup souffert, principalement à la hauteur de Vilkomis, où il a eu un vif engagement.

L'Empereur veut tout voir ; son œil est rayonnant ;
Jamais un Souverain ne s'est senti si grand ;
C'est la terreur des rois, c'est le dieu des batailles,
Faisant à l'univers d'immenses funérailles.
En effet; de ces bords, jadis silencieux,
D'indescriptibles bruits montent jusques aux Cieux ;
Le fleuve les répète, et sa voix semble dire ;
Entendez-vous ma grève et mes flots vous maudire ?

§

Six cent mille soldats, cent vingt mille chevaux,
Se sont désaltérés dans ces célèbres eaux.
Que ces guerriers n'ont-ils, en en séchant la source,
Dans un pressentiment interrompu leur course,
Et supplié le Ciel de les rendre au pays,
A ce pays bientôt en deuil de tant de fils !

Mais qu'importent ces vœux ! C'est désormais l'épée
Qui tranchera le sort d'une grande épopée ;
Et la force dira si ces vastes déserts
Ont vu leur esclavage, ou nos premiers revers.

OUVERTURE DE LA CAMPAGNE.

Les mémoires du temps, les plus graves ouvrages,
Dont l'esprit d'équité sut anoblir les pages,
Constatent à l'envi, que jamais l'Empereur

N'eut plus de prévoyance et plus de profondeur
Que dans cette suprême et trop funeste guerre.

Tout l'avait convaincu qu'il marchait de manière
A détruire, ou couper le corps de Bagration,
Remontant sur sa droite, avec l'intention
De rejoindre Barclay.

    Le roi de Westphalie,
En prêtant son flanc gauche aux troupes d'Italie,
Avait l'ordre d'atteindre un point déterminé,
Près duquel l'ennemi devait être cerné.

Des retards, des erreurs, une foule de causes
Qui, sans les disculper expliquent bien des choses,
Ont changé les destins d'un de ces grands projets
Dont les puissants ressorts dispensent les succès.

C'est un notable échec. Mais une intelligence
Aussi prodigieuse, a calculé d'avance
Sur la fragilité que présente un seul plan.
Comme un aigle trompé dans son premier élan
Elle s'est ménagé ces ressources soudaines
Que le terrain inspire aux savants capitaines ;
Et, prêt à se porter sur Barclay de Tolly,
Napoléon l'observe, et va fondre sur lui.

§

Mais déjà la saison devient un adversaire ;
Une effroyable pluie a détrempé la terre :

Des hommes, des chevaux, incessamment mouillés,
Sous le froid du bivac ont péri par milliers ;
L'armée a des traînards, et leur longue colonne
Dans son sinistre aspect ne rassure personne.

VILNA.

A Vilna, l'on a dû consacrer plus d'un jour
A rallier des corps, que retarde un détour,
Surtout à raffermir l'ordre et la discipline,
Sans lesquels une armée est près de sa ruine.

WITEPSK.

Cependant le temps presse ; et les Russes, massés
Sous Witepsk, voudront-ils, en être, ou non, chassés ?
Pour arrêter nos pas, se sentent-ils de taille
A braver une attaque, à nous livrer bataille ?
Ou bien, en essayant de sauver Bagration
Se retireront-ils devant Napoléon ?

Celui-ci, ses soldats, sûrs de leurs destinées,
Appellent de leurs vœux une de ces journées
Dont la gloire a payé tant de fois leur valeur :
En avant ! c'est le cri de leur bouillante ardeur.
Eh bien ! marchez, soldats, à vos seuls jours de fête ;
Et qu'un digne adversaire, en bornant sa retraite,
Accepte vaillamment un de ces grands duels
Qui n'ont que pour vos fronts des lauriers immortels.

Les Russes, en effet, pleins d'une noble audace,

Vont, en déterminés nous disputer la place...
Lorsqu'un soir, de très près menacé par Davout,
Barclay, changeant d'avis, l'évite tout à coup ;
Et, bientôt, éclairés, l'aurore nous présente
Au lieu d'un champ d'honneur, une ombre décevante :
A l'heure où, de son camp brillent encor les feux,
L'ennemi, dans un calme, un ordre merveilleux,
S'est soustrait à nos coups, et sa feinte, et sa fuite
Ne nous forcent que trop de voler à sa suite.

§

Vers un but qui s'enfuit doit-on courir toujours ?
Nos impedimenta, nos canons, sont bien lourds !
Chaque marche en avant réduit les attelages,
Privés d'eau, de sommeil, de soins et de fourrages.
Voitures et fourgons, la plupart distancés,
D'un excès de fardeau se sont débarrassés ;
Et que de maraudeurs, demeurés en arrière,
Épuisent un pays déjà dans la misère !
Il faut donc, à Witepsk, accorder du repos
A nos meilleurs soldats, et surtout aux chevaux.
L'esprit de l'Empereur s'y résout avec peine :
Comme le jeu, la guerre a ses chances, sa veine ;
Il en sait les secrets, connaît le prix du temps,
Et voudrait aujourd'hui commander des Titans.
Abandonnera-t-il cette armée ennemie,
Qui, fraîche, bien pourvue, et n'étant point suivie,

Pourra nous échapper, dans un suprême effort,
Et changer en triomphe un désastre, ou la mort ?

Hélas ! Le genre humain, auprès de ses mérites
A ses fragilités ; sa force a des limites ;
Chacun a ses vertus, un peu plus, un peu moins,
Mais les cœurs les plus grands ont de premiers besoins,
Sachez les ménager, n'abusez pas des hommes :
Ils seront, je l'ai dit, toujours ce que nous sommes.

SMOLENSK.

Napoléon apprend, (ce n'est plus un secret),
Qu'à droite Bagration, comme à gauche Barclay.
Après des mouvements accomplis, non sans peine,
A pas précipités gagnent le Borysthène.

— Fortune, que fais-tu ? Que devient désormais
L'infaillibilité des plans que tu formais ?
Jadis, tu nous donnais, en une heure, un royaume !
Tes décrets, aujourd'hui, ne sont-ils qu'un fantôme ?
La fortune répond : « Pauvres gens ! je me ris
« De ceux que vous croyez mes constants favoris.
« Je caresse, je mords, ne m'attache à personne,
« Et je vends chèrement ce qu'on croit que je donne. »

Mais s'il ne s'agit plus que de ces fiers combats
Où la gloire s'adjuge aux plus vaillants soldats,
Ceux de Napoléon ont une renommée
Qui met en bonnes mains le sort de son armée :

« Vieux braves d'Austerlitz, suivez votre Empereur,
« Le chemin qu'il vous montre est celui de l'honneur;
« Au Dniéper, à Smolensk, que la voix de l'histoire
« Demain dise à quel prix vous mettez la victoire ! »

§

Ce qu'on attendait d'eux, ils l'ont su dépasser,
Mais s'il est des lauriers faciles à tresser,
Il en est de cruels. — Prends le deuil, ô patrie !
Un de tes nobles fils vient de perdre la vie :
Gudin, le preux Gudin, va rejoindre là haut
Bayard, Joubert, Desaix, d'Hautpoul, Montebello.

Les Russes ont, enfin, déployé leur vaillance.
Smolensk n'a vu que trop briller leur résistance ;
Sur un moindre adversaire ils l'eussent emporté,
Et nos sanglants succès nous ont assez coûté.

Que n'augurons-nous pas de leur patriotisme !
Il a rempli les cœurs d'un sauvage héroïsme,
Et sans être abattus, nous disons aujourd'hui :

« L'aube du désespoir n'avait pas encor lui.
« Il inspire au pays dont nous foulons la terre
« Le courage de fils qui défendent leur mère ;
« Ils nous ont attirés, en cédant, pas à pas,
« Dans des lacs que d'abord nous n'apercevions pas ;

« Nous nous affaiblissons, et leurs forces grandissent,
« La foi les illumine, en martyrs ils périssent :
« A quel sort, désormais, serions-nous réservés
« Si nos bras, si nos cœurs, se sentaient énervés !
« Grâce à Dieu, nous pouvons entendre sur nos têtes
« Se répéter la foudre, et mugir les tempêtes ;
« Et la mort, qui nous a plus d'une fois heurtés
« Ne nous vaincra qu'après nous avoir emportés. »

MARCHE SUR MOSCOU, PAR MOJAISK.

Mais ce sang qui rougit les eaux du Boristhène,
Des cœurs les moins ardents, va décupler la haine.
Tant d'animosité, de si mâles efforts
Multipliant sans fruit les blessés et les morts,
En lutte d'un autre âge ont changé la science ;
Et si l'acharnement la réduit au silence
L'avantage fuira celui des combattants
Que ruinent l'espace, et le fer, et le temps ;
On le voit aujourd'hui, tardive découverte,
Qui présage aux Français leurs malheurs et leur perte
Jusque-là laissons-les, sous de nouveaux lauriers,
Surpasser en exploits les plus fameux guerriers,
Moins nombreux, devenir toujours plus intrépides,
Combler par leur valeur de lamentables vides.

§

L'Empereur les conduit vers la grande Cité,

Vierge dont le repos n'est plus en sûreté.
Mais on comprend assez qu'avant cette conquête
Nos rangs verront tomber plus d'une illustre tête,
Et qu'au sein des deux camps, un sentiment égal
De bravoure et d'ardeur, est celui d'un rival,
D'un rival sans pitié, d'un rival implacable,
D'autant plus jalousé qu'il est plus redoutable.

§

Où seront acceptés de superbes défis ?
Quels destins nos drapeaux cachent-ils dans leurs plis?
Et qu'importe ! On peut croire, en ce moment terrible,
Qu'au mépris des calculs, la fortune inflexible
Confondra dans le don de ses tristes faveurs
Les palmes, les cyprès, le triomphe et les pleurs.
Cimetière d'Eylau, tes célèbres murailles
Saluèrent jadis la Reine des batailles ;
Elle a, dans d'autres lieux, fait entendre sa voix,
C'est la voix d'un volcan, qui vomit à la fois
Plus de lave et de feu, que le Dieu du tonnerre.
N'en dispensa jamais pour ébranler la terre.
Son pied, son pied d'acier, sort de la Moskowa :
C'est bien là le fléau que le démon rêva,
Monstre altéré de sang, tout dégoûtant d'écume,
A l'œil plein de fureur, au cœur plein d'amertume :
Le voici, l'arme haute ! — Où porte-t-il ses pas ?

BATAILLE DE LA MOSKOWA OU DE BORODINO.

C'est à Borodino, ne le savez-vous pas !
C'est à Borodino, dans une plaine immense,
Où l'on a prodigué des moyens de défense,
Que nos fiers ennemis, las de rétrograder,
Couvrent leur capitale, et la voudront garder ;
Ce que l'art, la valeur, l'amour de la patrie
Imposent aux grands cœurs, et dictent au génie,
Contre Napoléon est prêt depuis longtemps.
Un réseau continu d'ouvrages importants,
Abondamment pourvus de grosse artillerie ;
Redoutes et fossés, combles d'infanterie,
N'offrant de tous côtés qu'un impossible accès,
Doivent être demain le tombeau des Français :
En effet, il vaut mieux, au prix de leur vaillance,
Compter sur leur trépas que sur leur défaillance.

§

N'attendez pas ici, que, pâle traducteur
J'aille, en vers inconnus, reproduire un auteur
A qui le monde doit une immortelle histoire :
Il faudrait, pour l'oser, un rayon de sa gloire.
Admirons son récit ; formons surtout des vœux
Pour qu'en faisant horreur, il serve à nos neveux.
Peut-être apprendront-ils, par ces terribles pages
Que les rois les plus grands sont les rois les plus sages.

Et j'y lis tout d'abord ; « L'un des deux ennemis,
« Veut sauver sa famille, et défend son pays.
« L'autre, surexcité par l'esprit militaire,
« Met à prendre Moscou tout l'honneur de la guerre,
« Y voit la fin des maux dont il est assiégé :
« De plus grands intérêts fût-on jamais chargé,
« Et, que fait présager une lutte suprême?
« Un carnage effrayant, pour le vainqueur lui-même. »

Davout a proposé de tourner l'ennemi ;
Il croit, par une ruse, arriver jusqu'à lui,
Et réduire à néant plusieurs de ses ouvrages.
Mais ce plan est sujet à des désavantages,
Et devrait trop longtemps dégarnir notre front.
L'Empereur inclinant vers un parti plus prompt,
L'attaque est ordonnée, et Morand, sous Eugène,
Montera le premier sur la sanglante scène.

L'horizon est en feu. Le foyer de l'enfer
Présente moins l'aspect de la flamme et du fer.
Devant soi, chaque Corps aborde une redoute,
Et la doit emporter, quelque effort qu'il en coûte ;
Mais les Russes, serrés, résistent bravement,
Et s'ils trouvent la mort, la vendront chèrement ;
Nos coups ont bien porté, les leurs, non moins terribles
Se tirent à couvert, et nos cœurs sont leurs cibles.
Ce qu'enfantent l'ardeur et l'opiniâtreté
Exalte également l'un ou l'autre côté ;

On peut se demander si les Dieux de la Fable
Ne sont point à combattre, en ce jour mémorable,
Lorsque le roi Murat, dont l'intrépidité
Fait pâlir les héros nés dans l'antiquité,
Centaure, créateur d'une unique entreprise
Lance des escadrons, contre qui tout se brise :
— Quoi ! des gens à cheval prendre des bastions !
— Eh ! ne voyez-vous pas que ce sont des lions !

§

La victoire est à nous. Sans doute on la dispute
En ordre, pied à pied. — Pour retarder sa chute
L'ennemi veut reprendre et sa ligne et ses forts.
Il franchit des monceaux de blessés et de morts
Qui, tombés sous le feu; le regardent en face :
L'honneur, sur chacun d'eux voulut laisser sa trace.
Mais bientôt défenseurs en restant assaillants,
Les Français ont armé tous ces retranchements,
D'où quatre cents canons, disposés en bataille
Vont couvrir le vaincu d'obus et de mitraille.
Un spectacle pareil, comment le concevoir !
On frémit d'y penser, que dut-il être à voir ?

Ce jour a moissonné quatre-vingt-dix mille hommes ;
Et voilà notre ouvrage, insensés que nous sommes !
C'est donc pour d'autres temps, des temps moins orageux;
Que La Fontaine a dit, dans un tour merveilleux :
« La guerre a ses douceurs, l'hymen a ses alarmes. »
Nos guerres, sans douceurs, ont coûté trop de larmes.

Et voyez que de noms, portés avec orgueil
Lèguent à leur pays un lamentable deuil !
Bessière, Caulaincourt, Plauzone, Lanabère,
Montbrun, Chastel, Romens, Canouville, Compère,
Où sont vos nobles cœurs ? La mort les a glacés ;
Et s'il fallait nommer après vous les blessés,

Quel livre suffirait à la funèbre liste !
Larrey la sait à peine, et pourtant il assiste
Davout, Grouchy, Pajol, Rapp, Belliard, Morand,
Nansouty, Saint-Germain, Compans, Teste Friant,
Defrance, Bonnamy, Guilleminot, Bruyère,
Et d'autres mutilés, dont l'infortune est chère
A tout loyal Français, à tout vrai chevalier.
Nous qui les honorons, nous pouvons demander
Ce qu'en dit l'univers ; compte-t-il un cœur d'homme
Qui n'unisse leurs noms aux plus grands noms de Rome ?

Épargnés ou frappés, quels illustres acteurs
De ces jours fabuleux ont été les vainqueurs ?
Ney s'est fait, entre tous, une part sans rivale,
Dont celle de Murat est de peu l'inégale.
L'indomptable Davout, sagace et vigilant,
A su montrer la route au plus entreprenant ;
Et le modeste Eugène, au cœur ferme et fidèle,
A décoré son front d'une palme immortelle ;
Enfin Friant, Broussier, Morand, Latour-Maubourg
Aux regards de l'armée ont brillé tour à tour

Sans avoir éclipsé tant de nobles courages
Justement signalés dans de célèbres pages.

§

Mais ce ne sont pas là les lauriers d'Austerlitz,
Les lauriers d'Iéna, ces lauriers, dont jadis
La superbe couronne était tantôt formée
D'étendards, de canons, de puissants Corps d'armée
Tombés dans nos filets. — Nos pompeux bulletins
N'annonçaient pas alors des succès incertains.
Hier, qu'avons-nous conquis ? — Les morts de la ba-
[taille.]
C'est perdre de sa gloire, et perdre de sa taille :
Nous valons un peu moins, les Russes, un peu plus,
Redoutables encor, nous nous sentons déchus.

Cependant, loin d'avoir épuisé la carrière,
Il faut marcher, combattre, oublier qu'en arrière
Se trouve un long ruban de pays ravagés;
Que, de givre, déjà, les guérets sont chargés ;
Que nos plus vieux soldats perdent en discipline,
Qu'un malaise inconnu les obsède, et les mine ;
Qu'enfin les résultats qu'on n'a pas obtenus
Font craindre les malheurs que le sage a prévus.

MOSCOU.

Moscou ! — Moscou paraît : C'est la terre promise. —
Cette antique cité, sur une plaine assise,

Se montre en sa splendeur, fait voir ses minarets
Dont les dômes dorés, dans leurs brillants aspects
Étonnent les regards. — Là, dorment des richesses,
Et là sont des douceurs pour toutes les détresses :
Du pain, un toit, un lit, des soins et du repos,
Trésors qu'ont dès longtemps désappris nos héros.
Donnez-leur du loisir, quelques jours de bien-être,
Et fatigues, soucis, regrets, vont disparaître.

Mais le Ciel l'a voulu : Tout n'est qu'illusion
Pour cette grande armée, et pour Napoléon.
Les plus profonds calculs ont trouvé des obstacles,
Et, pour les renverser Dieu permet des miracles,
De ceux qui, révélant une invisible main,
Changent en catastrophe un superbe dessein.

Un homme, un magistrat, héroïque barbare,
Qui, dans son désespoir, trouve un sinistre phare,
A résolu d'armer la main des criminels,
Familiers des cachots, repoussés des autels.
Il a dit : « Tiens, voici la torche incendiaire.
« Tu n'as plus d'avenir, et tu n'as rien sur terre ;
« Saisis cet instrument de mort et de terreur ;
« Tu ne reculeras devant aucune horreur.
« Allume cent bûchers, brûle la Ville Sainte,
« Sans remords, sans pitié, sans admettre une plainte.
« Il faut que les Français ne trouvent qu'un tombeau
« Dans ces murs, dont les lois ont flétri ton berceau ;

« Ils voudront posséder, toi, tu voudras détruire,
« Afin que, glorieux, dans ton affreux délire,
« En perdant l'étranger, tu sauves ton pays :
« Va, ne crains point l'enfer... Tes forfaits sont remis! »

Et le hideux troupeau, bataillon parricide,
Altéré de butin, et de meurtres avide,
Étonné d'être libre, ira dans sa fureur,
Du sauvage décret se faire exécuteur.
Regardez : il ricane, en brandissant la flamme,
Et jette à Belzébut les restes de son âme.

§

Il faudrait pouvoir fuir ces lambeaux de Cité
Que la flamme envahit à pas précipité ;
Il faudrait, disputant nos besoins à sa cendre
Emporter avec nous ce qu'on y pourra prendre ;
Il faudrait... Mais tout manque et menace à la fois ;
Tout est fatalité, rien n'autorise un choix,
Quoiqu'à Moscou, du moins, et toujours redoutable,
Sans se dissimuler un péril formidable
Napoléon espère un de ces grands effets
Qui souvent l'ont rendu l'arbître de la paix.

§

Que les temps sont changés! L'impassible Angleterre
Est à Saint-Pétersbourg la cheville ouvrière.
De ses vaisseaux elle a beau jeu d'encourager

La Russie, à ne point s'effrayer du danger,
A braver de nouveau les hazards de la guerre ;
Et que l'issue en soit favorable, ou contraire,
Qu'importe ! En résistant, on gagnera l'hiver,
Plus mortel, mille fois, que la poudre et le fer,
Pour ces braves soldats, pour cette immense armée
Haletante, inquiète, et bientôt affamée.

Kutusof, Alexandre ont dû, sans grand effort,
Sur un pareil avis se rencontrer d'accord.
A bien l'examiner il est peut-être sage ;
Et quel autre parti le serait davantage ?
Il s'agit de plier, ou de garder un rang
Soutenu jusqu'alors, grâce à des flots de sang.
Les Français ont d'ailleurs rendu ce plan facile
A concevoir ; et même, une avance inutile
Faite par Lauriston, peut convaincre aujourd'hui
Son maître, qu'on persiste à lutter contre lui.

D'autre part, à Moscou, plongés dans une impasse,
Nous n'y pouvons rester : la torche nous en chasse ;
Jusqu'au seuil du Kremlin le feu règne et rugit,
Nous le traquons le jour, il nous étreint, la nuit ;
Du soleil encor chaud va naître un froid automne ;
Et ne suivrons-nous pas l'imposante colonne
De l'armée ennemie, entrée, au sud-ouest
Sur le sol abondant qui nous alimentait ?
Tout nous presse, la faim, la saison, la misère.

Mais, de ce mouvement, mouvement en arrière,
Le retentissement sera prodigieux :

Napoléon recule !... En croit-on bien ses yeux :
Du moderne César, la fortune infaillible
Ne sait-elle donc plus dominer l'impossible ?
Le globe s'interroge : — aucune Dalila
N'a dépouillé le front du vainqueur de Gaza,
Et le bras de Samson, pour soumettre le monde,
Le va-t-il écraser, de sa foudre qui gronde ?
Devrez-vous, univers, qui ployez devant lui,
Pâlir sous les clartés dont son œil aura lui ?

Non. De ce firmament la lumière éclipsée
Ne signale que trop une gloire effacée.
Du prestige au malheur il suffit d'un matin,
Et, des grands conquérants l'immuable destin
Est de croire assurée une folle entreprise :
En eux on reconnaît le cristal, qui se brise
A des feux trop ardents. Oui, pour l'ambitieux
Une chûte mortelle est à côté des Cieux.

NOTE

Le judicieux M. Viennet n'a point encouragé la continuation de ce travail, qui, commençant avec le Consulat, s'arrête au séjour de l'Armée française à Moscou, l'éminent critique n'y a vu que des Bulletins rimés, c'est son expression. Un pareil jugement, ou plutôt une pareille condamnation, m'a suffi : j'ai abandonné mon canevas.

Cependant, après avoir laissé reposer, pendant plusieurs années, ce début d'un grand sujet, j'ai eu la fantaisie de le relire, plus avec les yeux de M. Viennet qu'avec les miens, en isolant, autant que possible, mon appréciation de ma qualité d'auteur ; et je dois déclarer sans détour, comme sans prétentions, que le jugement de l'éminent Académicien m'a paru sévère. Sans doute le récit des batailles peut bien rappeler quelques bulletins du temps, qui, après tout, sont des documents historiques ; mais l'enchaînement, les réflexions, les épisodes, puisés dans le vif du règne sous lequel se sont produites mes premières impressions viriles, ont peut-être affranchi mes essais de la monotonie, du *chauvinisme* classique, qui ne connaissait que la *gloire* et la *victoire*.

Enfin, le langage que je prête aux personnages en scène, ou que je me permets de tenir, s'écarte, il me semble, d'une route banale.

Au reste, des juges plus indulgents que l'illustre Académicien, mais en même temps hommes de goût et de mérite, se sont montrés moins inflexibles à l'égard de mon travail; ils en ont fait l'éloge, et leur appréciation aurait pu me déterminer à reprendre la plume; mais le coup que lui a porté mon très honoré maître est définitif, et je renonce à la suite d'une entreprise dont le développement aurait présenté plus de difficultés que son début. — Comment aborder avec confiance un chemin raboteux, lorsqu'on a choppé dans un sentier tout uni?

Eh bien! le titre du travail me permet de le borner. Je l'ai désigné sous le nom de *Souvenirs*. — Mes souvenirs s'arrêtent à Moscou. Je veux avoir tout oublié, des événements postérieurs; par conséquent je n'ai plus rien à dire.

Lecteurs, remerciez les défaillances de ma mémoire et la sévérité de mon savant critique.

Verneuil, 1869.

LETTRE A UN ACADÉMICIEN.

—

Oui, mon cher Immortel, le plus grand des travers,
Je le dis sans détour, c'est de faire des vers.
Rimer, quel ridicule ! est-ce que la pensée
Sort de notre cerveau, contrainte et cadencée
Comme un sonnet classique ? Est-ce, en se conformant
A des règles sans fin, que notre sentiment
Fait comprendre ses vœux ? Voyez-vous la nature
S'alignant au compas, devenir une épure,
Et si je veux offrir les élans de mon cœur
Dois-je les mettre en vers, pour sauver mon honneur ?
Que l'on a bien raison de taxer d'hérésie
L'homme qu'a subjugué l'art de la poésie !
Le prose est un langage, et le vers est un chant ;
Prétendez-vous m'astreindre à parler en chantant ?
Rendez poète, alors, l'enfant à la mamelle,
Inspirez au mourant une ode solennelle,
Que vos gens sachent dire, en rimant à l'envi :
« Le coiffeur de Madame ! » ou, « Monsieur est servi ! »
Et qu'enfin l'ouvrier, fût-ce le plus modeste,
Echappé de Nevers, tire dessous sa veste
Un devis en satire, un mémoire en quatrin,
Portant, au lieu d'acquit, le trait d'un gai refrain.

Parlez-moi de la prose ; à tout elle se prête,
Elle est de mon esprit le commode interprète ;
Je ne la trouve pas me barrrant le chemin,
Lorsque nonchalamment j'ai la plume à la main ;
La prose est au salon, tout comme à la cuisine ;
On lit les deux Dumas, on ne lit plus Racine ;
Or sus, pour en finir, nous mettons les bas-bleus
Sans façon à la porte, et leurs vers avec eux.

Voilà ce que l'on peut entendre dans le monde ;
Et, comme, en courtisans, en singes il abonde,
C'est à qui redira, sans plus ample examen
Ces sarcasmes du jour, et ceux du lendemain.
La prose est admirable ! et qui dit le contraire ?
Voulez-vous raconter, ou traiter une affaire,
Informer un ami, conseiller un parent,
Discuter le produit que votre bien vous rend,
Donnez à ces sujets la forme expéditive,
Et quand l'esprit conçoit, que le terme le suive,
Heureux si, simple et clair, suivant votre désir,
Sans chercher un moment vous l'avez su choisir.
Mais, voulons-nous de Dieu proclamer la puissance,
Célébrer d'un héros la gloire ou la clémence,
Léguer à l'avenir un de ces fameux traits
Qu'à notre piété le temps n'a pas soustraits,
Montrer les grands acteurs de la scène du monde,
Révéler des vertus que l'exemple féconde,
Nous interdirez-vous de les représenter
Sous les plus beaux accents qu'on leur puisse prêter ?

Il n'est pas défendu d'embellir la nature,
Ou, pourquoi vous parer ? pourquoi l'Architecture
Erige-t-elle un Louvre, où l'œil ne voyait rien ?
La nature, après tout, source de tant de bien,
N'eût pas seule produit, ou Saint-Pierre de Rome,
Ou l'istrument parfait qui guide l'astronome,
Ni ce volcan ailé, trône de la vapeur,
Qui semble être un secret surpris au Créateur ;
Ni les Chants de Virgile ou les œuvres d'Appelle,
Ni ce marbre vivant qu'on doit à Praxitèle,
Ni ce fil merveilleux, suspendu dans les airs,
Qui transmet ma pensée, au bout de l'univers
Dans le quart d'un instant. Puisons à la nature,
Mais sachons ajouter à sa riche parure :
Est-ce un crime, à vos yeux ? Refoulez le progrès,
Et que tout, constamment, garde ses premiers traits.

Oh ! pour les mauvais vers soyez impitoyable,
J'y consens, je le veux, envoyez-les au diable,
Commencez par les miens ; et jusques au dernier,
Sans même avoir tout lu, jetez-les au panier.
Mais de quel prix, pourtant, serait leur récompense,
Si d'illustres chefs-d'œuvre embrassant la défense,
J'avais su démontrer que toujours et partout
Ils seront admirés de tout homme de goût ;
Si j'avais fait sentir que ce dédain superbe,
En n'épargnant Boileau, ni Racine ou Malherbe,
Est une ingratitude, un indigne attentat,
Qui s'en prend, en barbare, à l'honneur d'un Etat ;

Que, vouer au mépris certaines renommées,
Contre un Monde-Géant c'est agir en Pygmées,
C'est oser du soleil dénier la clarté,
C'est assigner un terme à l'immortalité.
Ah! loin de l'abaisser, honorez le génie ;
Sur vos écrits, peut-être, une gloire infinie
Quelque jour brillera. N'ayez point à souffrir
Des rigueurs que jadis vous auriez fait subir
Aux hommes, dont la Muse, élégante, ou sévère,
A votre insu vous a guidé dans la carrière :
Connaissez votre Maître, et ne l'insultez pas,
Comme aux Rois, au Génie, on parle chapeau bas.

Paris, 1855.

CONTRASTE ET SIMILITUDE (1)

Fuyez ce personnage ; il est vieux comme Hérode,
Et c'est de la gaîté le vivant antipode.
Ses traits sont d'un censeur, ses discours, d'un pédant,
Il se lève morose, et se couche en grondant.
Tout l'irrite ici-bas, lui déplaît et l'offusque,
C'est le monde qu'il boude, et l'univers qu'il brusque :
— A l'indulgence, au moins, disposé quelquefois,
Sait-il nous excuser de suivre d'autres lois ?
Par un juste retour, sait-il, dans sa vieillesse,
Rire aux légèretés qu'étalait sa jeunesse ?
— Non. Plein d'hypocondrie, et sévère toujours,
Il tourmente ses nuits, il assombrit ses jours.
Or, le Ciel nous a-t-il jetés sur cette terre
Pour sans cesse gémir, et pour crier misère ?
N'ajoutons pas aux maux qui nous sont imposés,
A des chagrins réels des chagrins supposés,

(1) On suppose le lecteur au courant des plaisanteries qui ont circulé, à l'occasion de la fête, offerte à l'Empereur par le baron de Rothschild, à sa terre de Ferrière, le 16 décembre 1802.
En se permettant d'en rappeler quelques-unes, l'auteur se déclare, comme il le doit, innocent de toute intention blessante.

Et tâchons d'embellir, c'est la bonne science,
Par son joyeux côté notre brève existence.

— Messieurs, qui vous a dit que telle est mon humeur,
Que tel est mon esprit, et que tel est mon cœur ?
De quel droit, s'il vous plaît, me juger de la sorte ?
Pour me livrer à vous, vous ai-je ouvert ma porte ?
Avons-nous échangé d'utiles entretiens
Ou quelques sentiments ? Chacun garde les siens ;
Peut-être que les miens sont différents des vôtres,
Mais soyons, s'il se peut, justes envers les autres,
Et ne condamnons pas, sans forme de procès,
Les vieux ans, dont la mort prévient seule l'accès.

Oui : vous vous plaignez fort ! La vieillesse est gron-
 [deuse,]
Elle ne quitte guère une humeur soucieuse !
Eh bien ! examinons, a-t-elle ou non, raison,
Et sa misanthropie est-elle de saison ?
Je dis qu'elle est fondée, et la preuve en abonde.
Étranger, j'en conviens, aux passe-temps du monde,
Savez-vous que je vis dans ce qui ne vit plus ?
Amis, santé, parents, qu'êtes-vous devenus ?
J'ai vu s'évanouir votre dernier vestige,
Et si je suis debout, c'est un triste prodige
Qui ne laisse apparaître à mon œil consterné
Aucun des doux liens dans lesquels j'étais né :
Le Ciel les a brisés... sa volonté soit faite !
Mais, en me résignant, en inclinant ma tête,

Est-ce le Jockey-Club, l'anecdote du jour,
Une fête à Ferrière, un pauvre calembour,
Qui me consolera, qui remplira mon âme,
Et la réchauffera par une sainte flamme ?
Savez-vous que les noms qui m'étaient le plus chers
Ne seront plus portés par un seul de mes pairs ?
Deux générations entières m'en séparent,
Et de ces nobles noms les petits-fils se parent ;
Ils les portent fort bien, je n'en saurais douter,
Et, qui soutient son nom peut le représenter ;
Mais ce que j'ai vu naître a péri de vieillesse,
Ou bien subit les maux qu'à sa suite elle laisse :
S'ils vivent, mes égaux sont donc près de mourir,
Et leur droit de naissance est le droit de souffrir :
Voulez-vous que moi seul, oubliant mon grand âge
J'aille exhiber, ce soir, non moins hardi qu'un page,
Des façons dont Garat fut le type autrefois ?
Cent brocards m'attendraient, décochés par cent voix !
Il faut savoir à temps accepter la retraite ;
Il sied mal au barbon d'être toujours en fête ;
C'est au soleil couchant, les pieds sur un chenet,
Qu'il doit marquer le monde, en mettant son bonnet.
Quelle idée, en effet, avec lui m'est commune ?
Je parle de l'an dix, on me croit dans la Lune ;
De Chénier, de La Harpe, on me prend pour un fou ;
Mais je dois admirer Emile Augier, Sardou,
Sous peine de passer pour arriver de Brive,

Où, loin du bon courant, j'allais à la dérive.

L'on cause d'un Roman, je ne le connais pas ;
Alors pour m'éviter on chuchotte, et tout bas :

— « Mon cher, vous connaissez la jolie Albertine,
« Le Baron nous l'enlève, ils partent pour la Chine.
« Autre chose : Antonin vient de perdre un cheval
« Espoir de l'hippodrôme, un superbe animal,
« Arthur, en essayant un nouveau véhicule,
« S'est, au Bois, ce matin, cassé la clavicule ;
« Vous le voyez, Décembre est un mois de malheur,
« Et Paris est à fuir, ma parole d'honneur...
« A propos, j'oubliais... il paraît qu'à Ferrière
« On avait préparé tout à la financière,
« Et qu'un grand Général, trop timide vainqueur,
« Cherchant à s'éclipser se cachait dans un Chœur.
« Est-ce chœur, par un h, ou sans, qu'il faut écrire ?
« Il est une ex-beauté qui pourra vous le dire,
« Mais le mot est charmant : — Jetez vos millions,
« Pour que dans votre orgueil nous vous humilions.
« ... Et puis, ah ! vous savez, cette fameuse *bêche*,
« A laquelle plus d'un voudrait faire une brèche,
« Dont le manche est d'ivoire, et le fer est en or, (1)
« On dit qu'elle scintille en un galant trésor...
« Rien n'est plus délicat, rien n'est moins incroyable,
« Et c'est unir vraiment l'utile à l'agréable,
« Le donateur voulant sans doute encourager

(1) Présentée à l'Empereur pour que, suivant une ancienne coutume germanique, il daignât planter lui-même un arbre, en commémoration de la fête acceptée par Sa Majesté.

La chaste donataire, à planter son verger.
Qu'en pensez-vous, très cher, c'est à pouffer de rire ;
On n'est qu'un enrichi, l'on se croit un grand sire,
On tranche du Fouquet, on a ses courtisans,
Et puis... sa courtisane ; il faut passer le temps. »

Ouf ! le bel entretien ! je vais, pour y répondre,
ıgner le boulevard, dussé-je m'y morfondre ;
.imerais mieux, cent fois, me geler jusqu'aux os,
ɪe de prêter l'oreille à si méchants propos. —

ilà mon premier point, j'en veux traiter un autre.
us avons eu votre âge, et vous aurez le nôtre.
us fûmes tels que vous, vous serez comme nous.
elque jour, vos neveux, sans plus d'égards pour vous,
nt de vos leçons, désertant votre école,
ɾis des nouveautés, briseront votre idole,
tendront qu'il est temps de former le bon goût
quel leurs grands-parents n'entendaient rien du tout.
ɘ ne diront-ils pas de la Littérature !
ɑrrangeront bien Hugo, je vous le jure,
sard, Augier, Sardou, voire même Dumas,
nd maréchal, dit-on, de la cour des Lamas (1).
ront, dénigrant, dans leur fougue indomptable,
t ce qui vous semblait noble et recommandable,
ı'auront que pitié pour vos contemporains,
ɘur prodigueront de souverains dédains :

, Il était alors le commensal de Garibaldi.

— Votre prose ? Fi donc ! — Vos poètes, bonhomme
Si j'en lis jamais un, j'irai le lire à Rome...

    Et nous serons vengés, Messieurs, de vos mépris,
Par les mépris pareils des enfans de nos fils.
Oui, c'est, croyez-le bien, ainsi que va le monde ;
Dieu nous fait figurer dans une immense ronde ;
Elle tourne, elle tourne, et ne s'arrêtant point,
Chacun de nous sans cesse occupe un nouveau point
Comme suivant l'endroit où son ordre nous place,
L'objectif disparaît, ou change, quoi qu'on fasse.
Voilà comment le cercle, emblème ingénieux
Exprime et notre sort, et les desseins des Cieux.
Ce que nous avons fait, à d'autres de le faire,
Les moutons de Panurge ont envahi la terre ;
Nous nous ressemblons tous, à quelques lustres près,
Et nos traits d'aujourd'hui deviendront vos portraits.

Ne faites pas la guerre aux soucis de mon âge,
Et jouissez en paix de votre beau partage ;
Le temps, qui mine tout, atteindra vos penchants :
Nul ne reste, vieillard, ce qu'il fut à vingt ans.
Echangeons entre nous une douce indulgence,
Et tâchez d'éviter que mon expérience
Soit pour vous et sans fruit et sans moralité :

« La plus vieille médaille a bien un bon côté.

        Verneuil, 23 Décembre 1862.

LE VILLAGE

Tant d'autres avant moi, dans des récits touchants,
Ont dépeint le village, et la vertu des champs,
Qu'on n'aurait que disette, après cette abondance.
Mais nos humbles hameaux, avec leur innocence,
Sont-ils injustement soupçonnés d'être imbus
De l'incrédulité, sous prétexte d'abus ?
Ecoutons. — Le curé de notre heureux village
Pourrait avoir, dit Jean, un moins grave visage ;
Pourquoi ce long habit, ce chapeau singulier,
Pourquoi ce bas de laine en un pesant soulier,
Pourquoi cette parole, et ces leçons sévères,
Aux présents, aux absents, à nos sœurs, à nos frères ?
D'un langage indulgent quand prendra-t-il le ton ?
Et si nul n'est parfait, pourquoi le serait-on
Miraculeusement, aux jours de la jeunesse ?
Il y perdra son temps, il y perdra sa messe,
Et puis ses oremus, son prône et ses sermons,
Et nous rirons, boirons, chanterons, danserons :
A trop vouloir la tendre on peut rompre la corde,
Et nous saurons saisir ce qu'on ne nous accorde
Qu'avec mauvaise grâce, et sous conditions.

§.

— T'a, ta, ta, voilà bien des lamentations,
Dit la sage Prudence. Au bon curé, qu'importe
Que le plus résolu, que Jean, la tête forte,
Se révolte, et résiste à son autorité ?
De qui déplore-t-il l'irrégularité ?
S'il ne s'intéressait au sort de la jeunesse,
Voudrait-il à l'instruire employer sa vieillesse ?
Que lui font, pour lui-même, et la vie et les mœurs
De ceux qui sont le plus livrés à leurs erreurs ?
Son cœur n'est pas moins pur, son âme moins pieuse,
Mais nos bons sentiments la rendraient bien heureuse.
Explique-t-il de Dieu, la volonté, la loi,
En parlant à nous tous il ne dit rien de moi
Si je suis étrangère au sujet de son thème ;
Ah ! si j'étais coupable, et pourquoi l'anathème
Que le pécheur mérite, irait-il lâchement
Ménager l'auditeur pour accabler l'absent ?
Qui parle en général ne s'adresse à personne,
Et qui se sent blessé de la leçon qu'on donne
Est bien près d'avouer qu'elle s'applique à lui.
Or, Monsieur le curé, qu'a-t-il dit aujourd'hui ?
Il a dit, à coup sûr, des vérités utiles.
Auxquelles nous devons nous montrer tous dociles.
Il a dit qu'il faut craindre, et qu'il faut aimer Dieu,
Toujours bon, toujours juste, et présent en tout lieu ;

Qu'on connaît parmi nous des vauriens, des coquettes,
Qui, pour le cabaret, et de folles toilettes
Négligent leurs devoirs, leurs parents, leur travail ;
Qui, fatigués des champs et d'un séjour tranquille
Ne rêvent que Paris, Paris la grande ville.
Est-ce vrai, Maître Jean ? Avec votre attirail
De critique et d'éclat, qu'avez-vous à répondre ?
Depuis un certain temps l'on vous voit tout confondre,
Dimanche avec lundi, le jour avec la nuit.
On vous trouvait modeste, et vous faites grand bruit ;
Vous étiez gai, poli ; vous êtes sombre et rustre ;
Vos façons, vos vingt ans ont perdu tout leur lustre.
Ne faut-il pas, Monsieur, louer ce changement,
Et s'écrier que Jean est un garçon charmant ?
Et vous, Gertrude, et vous, comme une autre Pérette,
En pensant à la danse, à Lubin, à la fête,
N'avez-vous pas laissé tomber un pot au lait ?
Faut-il vous admirer, vous prôner pour ce fait ?
Et si notre Pasteur dit qu'il connaît des filles
Exemplaires, jadis, naïves et gentilles,
Qu'incrimine à présent la plus commune voix,
A-t-il tort ou raison ? Les bergers et les Rois,
A des penchants pareils enclins dès leur enfance,
Des mêmes passions éprouvent la puissance ;
Mais l'éducation corrige nos instincts,
Et met notre bonheur et la paix dans nos mains.
Pour en garder intact le dépôt salutaire
Il suffit d'écouter la leçon tutélaire

Qu'une voix respectable adresse à notre Foi :
« Qui craint le Tout-Puissant en doit suivre la loi. »
Quant aux mauvais plaisants soi-disant philosophes,
Nous ferons aisément honte à leurs apostrophes.
Qu'ils déclarent la guerre à la simplicité,
Qu'ils se raillent d'un Prêtre et de sa pauvreté,
« De l'homme né tout nu, rentré nu dans la terre,
« Au poids de ses vertus *l'habit* n'ajoute guère ;
« *Les pieds*, à servir Dieu saintement exercés,
« Fussent-ils en sabots, sont toujours bien chaussés.
« Que nous fait le *chapeau*, l'important est la tête ;
« La *soutane*, au bon prêtre est un habit de fête,
« Témoins, quand nous ouvrons, quand nous fermons
[les yeux,]
« De nos premiers souris, de nos derniers adieux ;
« Le spectateur du monde en conçoit peu d'estime,
« Il voit dans ses plaisirs trop souvent un abyme,
« Et *l'air grave* convient à l'homme qui connaît
« De nos fragilités le désolant secret. »

De notre bon pasteur tels sont les traits fidèles ;
Ne soyons pas ingrats, ne soyons pas rebelles,
Soumettons-nous toujours à ses sages avis,
Et qu'en le vénérant nous soyons ses amis !

Verneuil, 1861.

ENCOURAGEMENTS AUX POÈTES

—

Prenez garde à cet homme, il compose des vers !
— Bah ! quel original ! — C'est un de ses travers,
En outre, ils sont mauvais. — Ah ! c'est assez probable,
Et quand ils seraient bons, c'est toujours pitoyable.
Sans doute il les débite inexorablement ;
Il vient de ce côté, sauvons-nous lestement.
Pauvre homme, je le plains, mais quelle extravagance !
Cette monomanie échappe à la science.
En nous causant, hélas ! de terribles ennuis,
Car le monde n'a pas de plus grands ennemis.
On pourrait le traiter comme on traite la rage,
Observer l'insensé, mis prudemment en cage,
Employer le fer rouge, et l'électricité,
Voir si tout aliment liquide est rebuté,
Et... si la maladie est tout à fait rebelle,
Condamner le malade, et brûler sa cervelle.
Travaillez, mes pareils, disciples d'Apollon,
Courez, remplis d'ardeur, jusqu'au Sacré Vallon,
Les vers, voici comment les muses les décorent :
Bons, ils ne sont pas lus, mauvais, ils déshonorent.

Verneuil, 1860.

L'HIVER AU VILLAGE

—

Après avoir décrit le bonheur du Retour,
Les soucis du Départ doivent avoir leur tour.
J'en dirai quelques mots, sans vouloir entreprendre
De remonter un cours qu'il eût fallu descendre.
— Mais, au gîte rentré, du gîte on peut sortir,
Objecterez-vous. — Soit. Or donc, pour en finir,
Causons nonchalamment, et devisons ensemble.
Gloser, c'est quelque chose, amis, que vous en semble ?
Aussi bien, mon humeur, la saison, les frimats
A de lointains accents ne me provoquent pas.

Tout fuit devant nos yeux, et les belles journées,
Et la feuille et l'automne, et le cours des années.
Ne semblerait-il pas qu'en son disque éternel
Le soleil s'assombrit sous un deuil solennel ?
Les oiseaux s'excitaient dans leur charmant langage,
Les fêtes égayaient l'habitant du village,
Oiseaux, ménétriers, sont devenus sans voix,
Et tout, autour de nous, fait le vide à la fois ;
L'ouvrier courageux, abrité sous son chaume,
Compte ses six enfants, alors que son bras chôme ;

Où planait l'hirondelle est le pesant corbeau,
Le sol cristallisé revêt un blanc manteau ;
L'opulence nous quitte, et se presse à la ville
Où, cherchant des plaisirs, elle s'en promet mille.

Eh bien ! éloignez-vous, quittez ces tristes lieux ;
Ils sont, n'en doutez pas, moins tristes à mes yeux
Que ceux où les plaisirs, en engourdissant l'âme
Transforment en glacier ce qu'une sainte flamme
Devrait nous inspirer pour les infortunés :
Cultivons moins les grands, que les abandonnés !
Le monde a des devoirs dont rien ne nous dispense,
Aux champs on donne en paix des soins à l'indigence.

Pour nos délassements, des livres, des journaux,
Nous citent d'anciens faits, que nous croyons nouveaux.
Nous ne dédaignons pas l'orgue de Barbarie,
La voiture au vannier, celle à la mercerie,
Ni le tirage au sort ou la Révision,
Les marmots de l'Ecole, en récréation,
La caisse des Pompiers, ou du Garde-Champêtre,
Les vaches, les moutons, qu'une enfant mène paître,
Le moderne Jason aux toisons de lapin,
Le classique Gendarme, en veste du matin,
Le petit ramoneur, à la voix fausse et grêle,
Enfin les *assureurs*, qui tombent comme *grêle*.

Parfois j'ai mon raout ; c'est monsieur le curé,
Dont un chat favori ne s'est pas séparé.

Nous plaidons pour le Roi, nous pourfendons la Ligue,
Et, quand elle est à bas, nous jouons au Bézigue.
Un verre de vin chaud passe de temps en temps
Afin d'entretenir l'ardeur des combattans.
Qu'il est beau de les voir, ou vainqueurs ou victimes,
S'escrimer pour gagner ou perdre cinq centimes !
Onc depuis les exploits des Grecs et des Troïens
L'on ne développa de plus savants moyens.
L'un invoque du jeu les formes et la Charte,
L'autre, maître-passé, lance une habile carte;
Celui-ci marque vingt, celui-là compte cent,
Et ne redoute pas un coup plus triomphant.
Tout ce qu'un art fameux, l'art de la stratégie
Peut dicter de profond et d'utile au génie,
Est déployé sur table, et voudrait une Croix...
Mais on en donne assez en bien d'autres endroits;
Puis, lorsqu'au vieux clocher la dixième heure sonne
Bientôt, dans *mes salons*, on ne voit plus personne,
A moins que Gros-minet, sur un meuble endormi,
N'y reste sans façon, comme un intime ami.

Voilà pour nos plaisirs. Quelles sont nos affaires?
Sans doute, vous pensez que nous n'en avons guères !
Détrompez-vous : partout on se heurte au devoir.
Exemples : — Le dimanche, on revêt l'habit noir
Pour entendre une Messe, un Sermon magnifiques,
Les antiennes du jour, sans compter les Cantiques :
Il est bon, sur ce point, de glisser prudemment,
Etant peu curieux, par respect pour ce chant,

De juger de trop près si les voix qui résonnent,
Dans une sainte ardeur, sont justes, ou détonnent.
— De l'urne électorale, on s'enquiert avec soin,
Si du serrurier les clés n'ont pas besoin.
— Demain, réunion du conseil de Fabrique,
On doit y discuter une grave supplique.

Bientôt, les sessions du corps municipal,
Qui, pour faire le bien, s'y prend parfois fort mal.
— On entend le Tambour... Au feu ! Vite, à la pompe !
Non, c'est pour beaucoup moins, par bonheur je me
\[trompe.\]
Samedi, vingt et un, monsieur le Percepteur
Viendra faire un appel transmis par le sonneur.
— Prenez-moi ces billets ; la crise cotonnière
A jeté les Normands dans une affreuse ornière,
Fouillez à l'escarcelle, et sans rien ménager,
Des femmes, des enfants demandent à manger.
— Une noce, un baptême, un vol par deux compères,
Réunissent là-bas la foule des commères.
— Il court un bruit fâcheux : Le Maire s'est blessé.
Magistrat indulgent, ses bontés ont laissé
S'établir un obstacle au milieu de la rue,
Un choc, pendant la nuit, a compromis sa vue.
L'indulgence a son prix ; mais la sévérité,
Sauvegarde des lois, a bien son bon côté.
Soutenons de nos vœux, couvrons de notre estime
Celui dont les vertus ont fait une victime :

« Tel se montre inflexible, et prévient bien des maux,
« Tel autre, en souffrant tout, n'a pour lui que les sots. »

Voyez si nous savons employer notre année !
Chaque mois passe ici sous forme de journée ;
A peine on a joui du lilas, du muguet,
Que l'automne vieillit, et qu'il fait son paquet ;
Mais, de quelque façon que s'écoule la vie,
Au sort de nos voisins ne portons point envie !

Il s'agit de conclure, en deux mots je conclus.
Evitons les ardeurs, les dégoûts absolus ;
Nous cherchons le bonheur, à la ville, au village,
Et partout les soucis restent notre partage ;
Le bonheur idéal est-il donc ici-bas ?
« L'homme en vain le voudrait si Dieu ne le veut pas. »

Verneuil, 1863.

L'ILLUSION

Avez-vous su rimer de supportables vers ?
Gardez-vous prudemment d'en doter l'univers :
Tel qui, dans un boudoir, trouve quelque indulgence,
Sort de chez l'éditeur, honni, sifflé d'avance.

On l'a dit avant moi, je dois le répéter,
Surtout pour les auteurs enclins à se flatter :
« Il n'est point de degrés du médiocre au pire,
« Sachez écrire en maître, ou ne jamais écrire. »

— Mais vous frappez de mort le fruit avec la fleur,
Et c'est en labourant qu'on devient laboureur,

— Distinguons, s'il vous plaît : le laboureur habile
Sait, d'un premier effort, rendre son sol fertile ;
Quant à nos espaliers, à bon fruit belle fleur,
Mais quel fruit peut produire un germe sans vigueur ?
J'estime le travail, j'admire le courage ;
Cependant l'art des vers veut un autre partage ;
Il exige ce feu qui, des grands écrivains
Par de soudains éclairs a marqué les chemins ;
Et voyez, comparez : que serait la Musique ?

Une combinaison purement mécanique,
Sans les dons, par le Ciel à l'artiste accordés.
Aux Lablache, aux Martin, ils furent prodigués;
Eh bien! Soyez déjà poète avant d'écrire,
Laissez, laissez longtemps sommeiller votre lyre;
On ne peut point agir sans avoir su penser,
Pour finir avec gloire il faut bien commencer.
Interrogez-vous donc. Trop souvent l'on s'abuse,
Faute d'un examen auquel on se refuse;
Vous avez des amis, allez les consulter
Avec le parti pris de les biens écouter;
Peut-être diront-ils, dans leur verte franchise,
Que vos meilleurs travaux ne sont point à leur guise,
Qu'enfantés pesamment, en dépit d'Apollon,
Ils ont été forgés trop loin de l'Hélicon.

Ce que poursuit un sot, le sage l'abandonne,
La nature, aussi bien que la raison l'ordonne.
Or, la nature, ami, ne t'a pas bien traité:
A d'autres sa splendeur, à toi sa pauvreté.
L'indigence est discrète, et fait bien de se taire;
Enfouis tes écrits, couvre-les d'une pierre
Sur laquelle on lira:

      « Cy gisent quelques vers
« Déclarés, par jury, bons à donner aux vers;
« L'auteur seul leur avait trouvé quelque mérite:
« S'ils allaient se lever!... Passant, passez bien vite!

    Verneuil, 1861.

LE TOURTEREAU, LE PAPILLON ET L'HOMME

—

A Madame C.

O vous, qui connaissez les douleurs du veuvage,
Veuillez en écouter la plainte et le langage.
Mon oiseau requérait tous les foudres des Dieux,
Vos regrets toucheront bien autrement les Cieux.

Où vas-tu, Papillon ?
              — Où le désir m'appelle.
Dans de charmants zigzags emporté par mon aile,
Je butine en volant, et maître de mon goût
Je ne m'attache à rien, et je jouis de tout.
Mais toi, beau Tourtereau, dont la voix monotone
Provoque un même objet, du printemps à l'automne,
Qu'as-tu fait de tes chants ?
              — Ah ! ma voix est en deuil ;
Cet objet de mes vœux ne charme plus mon œil ;
Je l'attends, c'est en vain, sans cesse je le pleure,
Et je le pleurerai jusqu'à ma dernière heure ;

Comment ne pas aimer celui qui nous aima ?
Est-ce pour être ingrats que le Ciel nous forma ?
Ecoute. — Nos instincts, nos penchants, tout diffère ;
La main qui nous jeta sur ce pauvre hémisphère,
Aux uns a départi l'insensibilité,
A d'autres l'inconstance, ou la fidélité ;
Mais chacun, de sa loi toujours dépositaire,
Reçoit, transmet la vie, et quitte cette terre,
Passager d'un moment, marchant à pas pressé,
Et porteur d'un bagage avec peine amassé ;
Bagage qu'entre nous, rien, non, rien ne remplace,
Bagage que tout être enferme en sa besace,
Celui du bien qu'il fit, du mal qu'il évita,
Mesure des vertus dont le Ciel le dota.
Or, dans les lots divers que le sort nous dispense,
Tout, d'avance, est réglé, comme tout se compense ;
Ta vie est éphémère, à toi, beau Papillon,
Un parterre de fleurs est tout ton horizon,
Et, transformé deux fois, lorsque viennent tes ailes
Tu nais aux voluptés, et tu meurs avec elles.
Moi, je soupire, j'aime, et j'aime plus d'un jour :
C'est que rien n'égala l'objet de mon amour ;
Heureux en répondant à son ardeur extrême,
J'étais plus à ses feux, oui, bien plus qu'à moi-même.
Juge de ma douleur, conçois mon désespoir,
Cet objet tout à moi je ne dois plus le voir ;
Un homme affreux, que dis-je ! une bête sauvage,
Roi de la nature empruntant son image,

A d'un plomb meurtrier frappé ce que j'aimais.
Les Dieux me vengeront. Séparé pour jamais,
L'homme verra succomber sa compagne ;
Il verra les horreurs que la mort accompagne,
Il verra sans couleur ce front qu'il adorait,
Il sentira glacé ce beau sein qui brûlait,
Il ensevelira d'une main convulsive
De chers débris, auxquels il faudra qu'il survive ;
Il suivra, hors de lui, ces restes précieux
Dans un Temple, où l'encens monte avec l'âme aux
[Cieux ;]
Je les lui vois porter lui-même au cimetière,
Je les lui vois couvrir d'une funèbre pierre,
Page, où l'on pourra lire, à peu près en ces mots :
« Chaque être a ses plaisirs, chaque espèce a ses maux ;
« Ces plaisirs sont trop courts, ces maux sont trop
[durables,]
« Sans les pouvoir choisir, lesquels sont préférables?
« Tel, qui ne vit qu'un jour, vit un jour de bonheur,
« Tel autre, chargé d'ans boit aux eaux du malheur. »
Ami, ni toi, ni moi, sous la voûte éthérée
N'échappons à la loi qui nous est inspirée ;
Tu jouis, séducteur, demain tu vas mourir,
Moi, sous l'adversité je vais longtemps souffrir.
Mais le sort du tyran qui domine le monde,
De ce tyran qui veut, sur la machine ronde
Exercer un pouvoir sans limites, sans frein,
Lui, dont les sentiments n'ont rien qui soit humain,

Dont le langage est beau, la conduite tout autre,
Son sort te paraît-il plus parfait que le nôtre?
Nous avons nos instincts, l'homme a ses passions;
Il commet des excès, dont nous, nous rougirions;
Nous a-t-on vus jamais opprimer l'innocence?
Lui, ne sait respirer que sang et que vengeance.
Haïr et renverser, voilà sa liberté,
A la nôtre l'azur prête sa pureté;
Nous savons être fiers, voir quelle est sa bassesse;
Il est vain et méchant, et nous pleins de tendresse;
Il est lâche, perfide, hypocrite, imposteur,
Et rien n'altère en nous une aimable candeur...
Va, va, roi des mortels, remplis ta destinée !
De ta perversité mon infortune est née;
Sois malheureux aussi; sois-le par tes forfaits;
Que le Ciel te reprenne en un jour ses bienfaits,
Et que ta race, enfin, largement moissonnée,
Soit toujours inquiète, et jamais pardonnée !

— Oiseau cruel, tes vœux sont trop bien exaucés !
En dépit de projets tour à tour caressés,
Au mépris de l'amour dont il nourrit son âme,
L'homme assiste à la fin de tout ce qui l'enflamme,
Et dans son sein malade, un dard empoisonné
Retourne contre lui le coup qu'il a donné.

Ce dard est dans mon cœur. Regardez sa blessure
Incurable et béante ; on dirait la morsure
Qu'aurait faite, terrible, un tigre en sa fureur ;
Elle saigne, elle bave, et mon plus grand bonheur
Sera d'y succomber. Attends, ombre chérie,
Mourir, et te revoir, c'est bien plus que la vie.

    Verneuil, 1861

A MADAME R***

EN LUI FAISANT HOMMAGE DU MORCEAU SUIVANT, INTI-
TULÉ *Les sept péchés capitaux*.

—

Non, ce n'est pas pour vous que j'ai rimé ces vers,
Pour vous, invulnérable à tout penchant pervers.
Mais, quand mieux inspiré, je chanterai les anges,
    Songeant à vous, Madame, mes louanges
        Emprunteront à vos vertus
      Les hommages qui leur sont dus.

LES SEPT PÉCHÉS CAPITAUX.

Flétrir, à ma façon, les Péchés capitaux,
Ce n'est pas sermonner sur des sujets nouveaux.
Dès sa naissance l'homme incline vers le vice ;
Il en puisa le germe au sein de sa nourrice,
Et tel, qui, parmi nous, joue au prédicateur,
Quand il ne prêche pas, est assez grand pécheur :
J'en conclus qu'en discours la morale est facile,
En actions elle est un peu plus difficile :
« Faites ce que je dis, non pas ce que je fais,
« Mes très chers auditeurs, et vous serez parfaits ;
« C'est du fond de mon cœur ce que je vous souhaite...
« Dieu veuille qu'en mes vœux j'aie été bon prophète !

1. — L'ORGUEIL.

Qu'entend-t-on par ce mot ? L'on entend ce que l'homme
Grand, petit, jeune, vieux, n'aime pas qu'on lui nomme
Ce qui flétrit nos cœurs, en abusant notre œil
Par un affreux mirage... Oui, c'est bien là l'orgueil.

Tous, nous commanderions, nul ne veut se soumettre ;
On n'est qu'un serviteur, et l'on agit en maître ;
Vous m'imposez un frein, je saurai le ronger,
Chacun veut être roi, qui veut être berger ?

Cependant les vrais grands sont rares sur la terre ;
Et par quoi planent-ils au-dessus du vulgaire ?
Est-ce par leur pouvoir, est-ce par leurs trésors,
Par leur intelligence ou la beauté du corps ?

Non. Aux yeux du Seigneur, le suprême apanage,
C'est la paix avec soi, c'est la vertu du sage.
Qui se commande, ignore une autre autorité,
L'homme, en se respectant, est assez respecté.

Difficiles pour nous, indulgents pour les autres,
Prisons leurs qualités, ne comptons pas les nôtres ;
Peut-être qu'à la mort, d'infaillibles plateaux
Seront légers pour eux, et lourds de nos défauts.

II. — LA LUXURE.

Heureux qui, conservant une aimable ignorance,
Entretient dans son cœur la première innocence ;
Plus heureux qui, soigneux de la vertu d'autrui
Enferme ses désirs et sa pudeur en lui.
Sainte, aux yeux du Seigneur, à l'abri de l'orage,
La chasteté, c'est l'arme et c'est l'honneur du sage.
Prévenons, combattons, des penchants opposés ;

N'attendons pas, qu'un jour, nos sens désabusés,
Dédaigneux désormais d'un plaisir qui s'envole,
Brisent le piédestal qui portait leur idole.
L'idole était complice, et sa complicité
N'a-t-elle pas doublé la criminalité ?

Quel est donc ce péché qu'on nomme la Luxure ?
— C'est l'oubli de la loi qui soumet la nature,
C'est ce qui blesserait la morale et les yeux,
Ce qui ferait rougir et notre Ange et les cieux.
Vous êtes chaste et pur, elle est tout le contraire,
Et tels sont ses dangers, tel est son caractère,
Qu'il faut lui refuser tout accès près de nous :
Gardons notre pudeur, il n'est rien d'aussi doux.

L'homme, que, par malheur domine la Luxure
Subit fatalement son influence impure.
Voyez ses yeux hardis, et ses traits fatigués !
Les dons les plus heureux lui furent prodigués,
Eh bien ! qu'en a-t-il fait ? Ses nuits et ses journées
A de honteux excès constamment destinées,
Ne laissent après eux que mépris ou regret,
Et son sein est toujours brûlé d'un feu secret.
Il classe d'un coup d'œil la vierge et l'effrontée ;
L'une ou l'autre sera différemment traitée,
Mais pour faire tomber les deux dans ses filets
Il saura recourir aux moyens les plus laids :
Et qu'importe l'obstacle, à qui médite un crime ?
Pour lui le but est tout, et rend tout légitime :

C'est ainsi que tombant de degrés en degrés,
Infâme libertin, vous vous déshonorez.

Le Ciel prend quelquefois pitié de nos faiblesses,
Mais il s'est réservé des peines vengeresses
Pour qui vit dans la fange où ses sens l'ont plongé :
Qu'il sache qu'à sa mort l'homme sera jugé !

III. — L'AVARICE.

Je la veux définir la Luxure de l'or,
Mais plus basse, à mes yeux, plus dégradante encor
Que tant d'autres excès, impardonnés peut-être.
L'avare est un esclave, et ne connaît qu'un maître ;
Pour lui, le bien, le mal, le Ciel, n'existent pas,
Et rien qui soit humain ne l'émeut ici-bas :
Son âme, son bonheur, son Dieu, c'est sa richesse
Ne méconnaît-il pas la poignante détresse
Dont l'indigence souffre au seuil de ses trésors ?
Sous les privations ayant brisé son corps
Comment comprendrait-il les cris de la misère ?
Il voit dans ses dehors un masque volontaire,
Et pour un vil calcul prend la réalité ;
C'est ainsi qu'à sa taille aunant l'humanité,
Croyant le riche pauvre, et le pauvre économe,
Il n'est plus rien, qu'un monstre, en cessant d'être un
[homme].

Est-ce pour cette fin que le dieu d'Israël
A départi les biens tombés de son autel?
Non. Celui qui reçoit n'est que dépositaire;
Nul ne doit oublier que tout homme est son frère,
Qu'il est écrit là-haut qu'il faut nous entr'aider,
Et qu'on n'est opulent qu'à charge de donner:
Et par ce mot j'entends tout faire avec mesure,
C'est là qu'est la sagesse; ouvrir d'une main sûre
Le chapitre des dons qu'a réglés votre cœur,
Celui de l'imprévu, qui prévoit un malheur;
J'entends aussi par là ce qu'une noble aisance
Permet, ce que souvent prescrit la bienséance,
Une habitation où règne le bon goût,
Des serviteurs pieux, et modestes en tout,
Enfin ce qui signale, à mon sens, le mérite
D'une eau qui se répand, sans s'écouler trop vite.

De toutes les vertus, nous avons sous les yeux
Des modèles vivants, par la grâce des Cieux;
Leurs libéralités font honte à l'Avarice:
Qu'ils restent généreux, et que Dieu les bénisse!

IV. — LA PARESSE.

Quelle est cette beauté? Je la vois entourée
De nombreux serviteurs en brillante livrée;
De romans, de dessins, d'ouvrages commencés,
Abandonnés, repris, puis encor délaissés;

Ses yeux sont languissants, sa lèvre est dédaigneuse,
Son esprit fatigué, sa mémoire oublieuse ;
Ses pieds. péniblement la supportent, dit-on,
D'où vient cette étrangère, enfin quel est son nom?

— On lui donne en ces lieux le nom de la Paresse,
Son cœur est sans vertus, sa vie est sans noblesse ;
En épanouissant son insipidité
Elle affecte une lâche insensibilité ;
Insupportable à tous, se fuyant elle-même,
Elle est du genre humain la honte et le blasphème.
Voyez-la mépriser tous les bienfaits du temps,
Laisser dans l'inertie et ses bras et ses ans,
Comme si notre vie, à quelques jours bornée
A des soins sans objet eût été destinée.

Nous sommes, ici-bas, tous faits pour travailler :
Oui, de l'œuvre de Dieu chacun est ouvrier,
Et la société serait depuis longtemps éteinte
Si, par un faux instinct, incessamment atteinte
Du mal de la paresse, elle eût, dans le sommeil
Laissé périr les biens qu'elle doit au soleil.
On l'a dit maintes fois, je veux le dire encore :
Le travail nous soutient, le travail nous honore ;
Élément des vertus, et source du bonheur,
Il est, entre nos mains, un second créateur ;
Et tout ce que l'on nomme oisiveté, paresse,
Contraire à notre sort, l'outrage et le rabaisse.

V. — L'ENVIE.

L'Envie, on la dépeint sous forme de serpent.
C'est qu'elle va lancer son venin en rampant,
Qu'un piège est trop souvent caché sous ses bassesses,
Que son langage est faux, ainsi que ses caresses.

L'Envie a des accents doucereux et discrets,
Son extrême pudeur s'alarme des secrets ;
Mais de son abandon elle n'est point avare,
Et prend au bien d'autrui l'intérêt le plus rare.

Elle aime plus que vous votre propriété,
Et se pâme devant votre prospérité :
« — Madame, je serais bien fière, à votre place,
« Votre goût, dans ces lieux, a tout changé de face.
.... « Oh ! les beaux diamants ! Les superbes bijoux !
« Des bijoux de famille ?.. Ils sont bien... tous à vous,
« N'est-il pas vrai ?.. Mon Dieu ! que vous êtes heureuse !
« Dans ma simplicité, moi, je me trouve affreuse,
« Et, tenez, je m'en vais... je ne me sens pas bien...
« Que vous êtes heureuse !... Oh ! ce ne sera rien.

(A part :)

« Ces bijoux ! ces bijoux ! J'en connais l'origine ;
« Ils sont à vous, comment ? A sa belle cousine
« Un cousin peut sans doute offrir un doux présent,
« Même quand sa valeur le rend compromettant ;

« Et l'on peut bien aussi recevoir un hommage,
« Vînt-il d'un beau cousin, sans cesser d'être sage ;
« Mais l'êtes-vous, ma chère ? Ah ! je n'en réponds pas,
« Je dirai seulement qu'on en jase tout bas.
« Et d'où provient la terre ? On sait que ton grand-père
« Etait en Normandie un fort mauvais notaire,
« Cauteleux, fin matois, et sordide prêteur,
« Usurier, en un mot, usurier sans pudeur.
« L'usure t'a valu cet opulent domaine...
« Ah ! cette histoire-là fait du bien à ma haine... »

— Ainsi, dans ma maison j'accueille un envieux,
Il déchire à plaisir ma femme et ses aïeux ;
Mon amitié le choie, et lui, me déshonore.
Après de si hauts faits que lui faut-il encore ?

VI. — LA COLÈRE.

Quel est ce furieux ? — C'est l'homme en sa nature,
Toujours prompt à se battre, à venger une injure.
— Mais, qui lui fait injure? — Ah ! c'est le monde entier,
Le noble, le bourgeois, le marchand, le rentier,
C'est du moins ce qu'il pense, et sa sotte colère
Contre le genre humain, il la croit débonnaire.

Quelqu'un, d'un air distrait, le regarde en passant :
— « Monsieur, vous m'en rendrez raison, et sur-le-
[champ : »]

Un enfant, étourdi comme on l'est à cet âge
A brisé de son fouet un meuble du ménage ;
« Ah ! petit malheureux, va, tu m'en répondras ! »
Il s'empare du fouet, et frappe à tour de bras.

Sa femme, avec douceur le flatte et le caresse :
« Va-t'en, que me veux-tu ? crois-tu que ma faiblesse
« Entendra galamment tes discours miéleux,
« C'est assez d'un Adam, nous n'en aurons pas deux. »

Un créancier paraît ; ces gens-là, d'ordinaire,
Craignent plus un refus qu'un accès de colère :
— « Monsieur, voici mon compte, et veuillez le payer. »
L'autre le précipite en bas de l'escalier.

« Mon bon Monsieur, j'ai faim, assistez ma misère. »
— « Oui, je l'assisterai, mais chez le commissaire ;
« On est importuné par la mendicité,
« Et je ne veux pas croire à tant de pauvreté. »

Un ancien domestique, estimable, fidèle,
Un jour s'est négligé dans une bagatelle :
« Je ne veux plus de vous, cherchez fortune ailleurs,
« Je ne supporte pas les mauvais serviteurs. »

Enfin, hargneux convive et joueur détestable,
Chacun perd l'appétit, la parole à sa table,
Par la crainte qu'un geste, un signe, un mot, un rien,
Ne soit interprété toujours mal, jamais bien.

On le voit, la Colère est un sujet d'alarmes,
Et ses emportements font verser bien des larmes :
Famille, amis, ou gens, tout souffre et se contraint :
« C'est un triste bonheur que celui d'être craint. »

VII. — LA GOURMANDISE.

Le gourmand accompli fait un dieu de son ventre ;
Les splendeurs d'un festin, voilà quel est son centre (1).
A lui seul les produits de toutes les contrées ;
C'est pour lui que les mers au loin sont explorées,
Que de l'est à l'ouest, du midi jusqu'au nord,
Les primeurs de la terre encombrent plus d'un port.
Rien n'est trop délicat, et rien n'est assez rare :
Qui compte avec soi-même est un hideux avare,
Et ne dira jamais à ses gens confondus :
« Lucullus aujourd'hui dîne chez Lucullus ;
« Qu'on se prépare donc à le servir en maître
« Qui veut jouir, bien plus qu'il ne veut le paraître. »
On lui citait quelqu'un que consumait la faim ;
« Cet homme, répond-t-il, est un heureux coquin ;
« Je donne un monceau d'or au savant culinaire
« Qui, possédant enfin l'art de me satisfaire
« Aura, les dieux aidant, doublé mon estomac ;
« Et faudrait-il douter qu'un tel homme existât !
« Allez, découvrez-le, fût-il au bout du monde,

(1) Et quand leur abondance a satisfait ses yeux
Son palais va jouir d'un bonheur merveilleux.

« Et que de ses talents votre tête réponde ! »

Oui, pour vos goûts blasés l'on fouille l'univers ;
On va réaliser cent prodiges divers,
Et ces lointains trésors arriveront peut-être
Le jour où le vrai Dieu vous aura fait paraître
A ses pieds tout-puissants. — Devant ce roi des Rois
Vos scandaleux festins auront bien peu de poids,
A côté du pain noir qui nourrit l'indigence.
Nos libéralités comptent dans la balance
Qui règle l'avenir ; mais ce que nous gardons
Dans un vil égoïsme, ah ! nous en répondons :
C'est que Dieu ne veut point qu'un prodigue en démence
Dissipe les bienfaits dus à sa Providence,
Et le riche, il l'a dit, n'est que l'usufruitier
Des biens dont il croirait être seul héritier.

Vous avez abusé des droits de vos richesses,
Et tiré vanité de toutes vos faiblesses ;
Vous avez méprisé l'honnête pauvreté ;
A sa faim, à sa soif, vous avez insulté !
Qu'un destin tout pareil à celui qu'il endure
Venge le malheureux d'une aussi lâche injure !
Peut-être, ayant pitié de votre affreux tourment,
Plus généreux que vous, avec un cœur fervent
Dira-t-il : « O mon Dieu ! que mon humble prière
« Puisse un jour appaiser votre juste colère !
« Nul homme n'est parfait, et j'avais mes défauts ;
« Celui-ci, moissonné par l'implacable faulx,

« Il avait ses vertus ! Pesez-en le mérite,
« Et que des Chérubins il devienne un Lévite !

—

Ainsi, chers auditeurs, dans de sombres tableaux
J'ai dépeint, assez mal, les Péchés Capitaux.
Détournons-en les yeux, et que la Providence
Vous préserve d'eux tous... et de mon éloquence !

Verneuil, 1863.

LABOR IMPROBUS

—

> A un charmant poète, qui m'ayant envoyé un nouveau morceau, m'avait prié d'en excuser la faiblesse, alléguant qu'il avait été fait au courant de la plume.

—

Gardez-vous bien d'écrire au courant de la plume !
Faites rougir le fer, et cognez sur l'enclume ;
Et pourquoi vous hâter de prendre le galop
Si le pas vous va mieux, renoncez même au trot.

Faire vite n'est rien, le tout est de bien faire,
Et qu'importe le temps, en semblable matière ?
Le public, qui vous lit, s'inquiète assez peu
Si les difficultés ne sont pour vous qu'un jeu ;
Il veut, dans le talent, un talent qui lui plaise :
Otez donc votre habit, et mettez-vous à l'aise.

On croit communément que les meilleurs écrits
Sont jetés tout d'un trait, mais en faux je m'inscris.
« Vingt fois sur le métier remettez votre ouvrage, »
Dit des maîtres de l'art le maître le plus sage,

Et l'avis est parfait. Plus vous interrogez
Ce qui sort de vos mains, plus vous le corrigez.
Vous aviez entrevu deux ou trois négligences,
Elles font ressortir bien d'autres défaillances,
Un tour sans naturel, des impropriétés,
Une rime incorrecte, ou des mots répétés :
Prenez garde ! Apollon, sobre de sa tutelle,
Refuse ses faveurs au disciple rebelle.

Penser juste, enchaîner, et rendre élégamment,
Nul n'est un écrivain s'il procède autrement.
Mais ce premier devoir est-il à la portée
De la foule, en pâture aux sacasmes jetée ?
J'oserais l'affirmer jusques à certain point ;
Qui ne sait s'appliquer n'y réussira point,
Mais on s'améliore, et l'on devient habile,
En contraignant le tour à se rendre docile.
Tout est dans le travail, tout dans la volonté,
Et vos œuvres auront un succès mérité,
Si, recherchant l'étude, et d'illustres modèles,
Oiseau, vous becquetez leurs gerbes immortelles.

Esquissez vaillamment un sonnet aujourd'hui,
Revoyez-le, demain, quand le jour aura lui :
Il est tel vers heureux qu'on trouve à l'instant même,
Tel autre exigera plus d'un effort suprême,
Toutefois le lecteur doit ne s'en pas douter,
Et croire qu'aucun d'eux n'a rien su vous coûter ;

Il faut qu'en vous jugeant au salon littéraire
Il dise : « Rien n'était moins difficile à faire,
« Et si je m'en mêlais j'en ferais bien autant,
« Parbleu, puisqu'il suffit d'écrire comme on sent. »
Bravo, rien ne séduit comme le vrai mérite,
Et les sots se font forts de l'atteindre au plus vite.

Je conclus : Travailler, c'est le grand art des vers.
Si vous ne voulez pas qu'ils marchent de travers,
Et que, parfois gênés dans leur pénible allure
Ils fassent peu d'honneur à la littérature,
N'épargnez ni ciseaux, ni maillet, ni rabot.
Et qu'aucun de vos pieds ne soit jamais pied-bot !

   Verneuil, 1863.

AUJOURD'HUI

ou TRAVERS, VICE, CRIME.

—

Quel est ce vieux jeune homme, au crâne dénudé,
Qui, de son trop d'esprit sans être incommodé,
En est assez prodigue, aborde tout le monde,
Emprunte à l'un son geste à l'autre sa faconde,
Se laisse attribuer leurs succès, leurs discours,
N'intéresse jamais, et fatigue toujours ?

— C'est un fort galant homme, et sa noble naissance
Lui donne des façons d'une agréable aisance ;
Mais s'il prend dans son cru l'ombre d'un petit mot,
Le charme disparaît, rien ne reste, qu'un sot.
Il copie, au surplus, l'homme à bonnes fortunes,
Courtise avec éclat dix blondes, quinze brunes,
Et pour rendre à loisir hommage à leurs attraits
Il s'est, chez *Disdéri* procuré leurs portraits.

Eh bien ! ce type là, souvent on le rencontre,
Et c'est dans nos salons que surtout il se montre,
Sans qu'un des spectateurs qui l'ont pu remarquer,
En lui faisant affront l'ait voulu démasquer.

LE PORTEFEUILLE D'UN NONAGÉNAIRE.   231

Soit : il n'est j'en conviens, qu'un des travers du monde ;
Mais le vice hideux, le vice, y surabonde ;
Et, qui s'aviserait de crier : « Halte-là, »
Pourrait s'entendre dire : « Ah ! bonjour : te voilà !
« Nous nous connaissons fort, et c'est d'ancienne date.
« Arlequin, autrefois, as-tu brisé ta batte ?
« Bien plus, n'es-tu pas prêt à devenir un saint ?
« Lacordaire, sur toi, mon cher, a donc déteint ?
« Tope là, sarpejeu, vive la gaudriole !
« La meilleure existence, ami, c'est la plus folle :
« Viens me trouver ce soir, j'ai de gais compagnons,
« Grands gourmets de champagne, et de péchés mi-
                                       [gnons ;]
« Accourt : paix aux vauriens ; et quant aux hypocrites,
« Comme eux, peut-être, un jour, nous nous ferons
                                       [ermites.]
« Les femmes sont pour nous, qu'importe les maris !
« Rions de leur candeur, soyons sourds à leurs cris ;
« C'est pour jouir sans frein que nous sommes au monde;
« Sauf à rouler demain... puisque la terre est ronde ! »

Du fat, du libertin, si j'ai fait voir un trait,
Peut-être esquiverai-je un plus sombre portrait.

Le vice a sa limite, il n'en est point au crime.
C'est un gouffre sans fond, c'est un rocher sans cîme.
Satellite éhonté, suppôt de Belzébut,
Le meurtre est son moyen, infernal est son but.
On porte en un hameau la flamme et la ruine,

On torture une enfant, après on l'assassine,
Semant ainsi l'horreur et la mort sous ses pas,
Car rien n'arrête un bras que Dieu n'arrête pas;
Et, grâce à ses décrets, si la vindicte humaine
Prépare au criminel une suprême peine,
Voyez-le, devançant tout à coup l'avenir,
Tresser un nœud fatal, s'y suspendre, et périr.

Oui, tel est le destin que s'apprête l'impie,
Mais il devra compter, demain dans l'autre vie.
Là, tout est juste et grand..., le reste est inconnu.
L'homme y monte tout seul, l'homme y monte tout nu.
D'un pouvoir infini l'inflexible balance
Y pèse pour toujours le crime et l'innocence :
Heureux, qui, de la terre emporté vers les cieux,
Sans craindre l'Éternel aura fermé les yeux.

        Verneuil, 1866.

JEUNES ET VIEUX

—

Quand l'âge, survenu, nous semblerait pesant,
Sachons, pour notre honneur, le porter galamment.
Un sot va le cacher, un fat va le maudire !
S'il est la loi commune, à quoi sert d'en médire ?
Ne recevez-vous pas des importuns chez vous,
Avec un bon visage, et sans blesser leurs goûts ?
Agissez de la sorte envers dame vieillesse,
Et soyez satisfait du peu qu'elle vous laisse.
Vieillir, est-ce un malheur ? — Je le veux supposer,
Voici les éléments qu'il lui faut opposer :
Sobriété, travail, salutaire exercice.
Avec ces armes-là tenez-vous dans la lice,
Et dites hautement à tous nos Romulus :

« Les Romains n'ont pas fait reculer Tatius.
« Fort du plus saint des droits, de sa mâle vaillance,
« Son bras n'a pas en vain défendu l'innocence,
« Et plus d'un agresseur, au carnage excité,
« A rencontré le prix de sa témérité.
« Voyez aux champs de Mars, admirez dans l'histoire
« Combien de fronts blanchis se sont couverts de gloire !

« La jeunesse prétend à la perfection ?
« Conseillère imprudente, elle est toute action,
« C'est là son noble rôle ; et s'il est magnifique,
« Concédez-nous, du moins, un succès platonique ;
« A quels titres, d'ailleurs, vos injustes mépris
« Voudraient-ils, sans pitié, marcher sur nos débris ?
« A vous est l'avenir, à nous la renommée
« Dans les Lettres, les Arts, la Science et l'Armée.
« Villars sauve la France, à soixante-quinze ans.
« Ingre, à quatre-vingt-trois, illustre ses talents,
« Et les quatre-vingt-sept dont Viennet se décore
« Nous charment dans les vers qu'hier a fait éclore.
« Et toi, vieux Radetsky, tu vis les Piémontais
« Fuir devant le trépas que tu leur apprêtais.
« Voltaire, dans un âge où l'esprit se repose
« Répandait à grands flots une immortelle prose.
« Biot, nonagénaire, était pur écrivain,
« Savant universel, phare du genre humain.
« Milton vécut aveugle, aveugle fut Delille.
« Le célèbre Rantzau, plus sublime qu'Achille,
« Avait payé d'un œil, d'une jambe, d'un bras,
« L'honneur de prodiguer sa vie en cent combats,
« Et du noble héros, des restes de lui-même,
« Un linge ensanglanté devint le diadème.
« Ainsi, ceux que le temps ou le sort a vieillis,
« Ceux parés des lauriers que leurs mains ont cueillis,
« Caducs, ou mutilés, sont chers à la patrie.
« Enfants, inclinez-vous ; sa grande voix vous crie :

« Le Ciel a ses desseins, l'humanité ses lois ;
« L'homme n'est pas imberbe, et mûr, tout à la fois ;
« Respect aux vétérans, gloire à leurs cicatrices ;
« Je vous crois disposés aux mêmes sacrifices,
« Vous pouvez, surpassant jusqu'à vos devanciers,
« Montrer plus de talents, cueillir plus de lauriers ;
« Mais leur dette est payée, imposez-vous la vôtre ;
« Le pays connaît l'une, à vous appartient l'autre ;
« Ce que vous méditez, ils ont su l'accomplir :
« Leur mesure est comblée, et la vôtre à remplir. »

Verneuil, 1866.

LE RÉALISME LITTÉRAIRE

—

Je veux bien reconnaître à cet envahisseur
L'élan de la pensée, une mâle vigueur ;
Mais s'il fait violence à ma délicatesse
Je ne puis estimer le tyran qui la blesse.
Quoi ! la perfection serait-elle un défaut,
Et le mot qui me choque est-il un heureux mot ?
L'étrange ambition du genre réaliste
Est-elle, en tuant l'art, de procréer l'artiste ?
Irons-nous à la halle emprunter son jargon,
Et dans le dialogue introduire un juron ?

Proscrire ces écarts serait tout aussi sage,
Et les sévérités ont bien leur avantage :
Recommander le plus, pour obtenir le moins ;
Si vous n'exigez guère, adieu les moindres soins.
Mais, dire au jeune auteur : « Sois peuple, je t'admire ! »
Un semblable conseil tient pour moi du délire.
Que si vous ajoutez : « Le vers est suranné,
« Nous l'avons, par décret, sans façon détroné ;
« Rions à l'Alcazar, lorsqu'aux Français on bâille, »
C'est en narguant le goût, le mettre à votre taille,

Rien n'élucide un point, obscur à quelques yeux,
Comme de remonter au temps de nos aïeux ;
La Fontaine, après Phèdre, en a fourni l'exemple ;
Des dieux de l'art antique ils ont sondé le Temple,
C'est pourquoi leurs écrits, par ces Dieux inspirés,
Sont, sans vieillir jamais, doublement admirés.
J'irai donc droit au fait, je l'invoque, et pour cause.
Nul ne pensant en vers, on n'écrivait qu'en prose
Avant que le progrès, père de tous les goûts,
Fit entendre à l'oreille un rythme autrement doux.
Le premier qui brisa, dans la rime, un obstacle,
Fut réputé sans doute avoir fait un miracle ;
Mais bientôt, à l'envi, les galants de la Cour
Surent chanter en vers et la gloire et l'amour.
Qui se fût avisé de taxer d'hérésie
Les charmants promoteurs de cette poésie,
Sans forme de procès eût passé pour un sot
Hors d'état de tourner avec grâce un bon mot ;
Et l'on vit, sans tarder, de gentes damoiselles,
Sensibles aux talents qui s'essayaient pour elles:
Que fallait-il de plus, en faveur d'un succès
Si cher et si facile à notre esprit français ?

Pourtant, la poésie, encore dans l'enfance,
Marchait péniblement vers son adolescence,
Lorsque Malherbe vint. — Le génie a toujours
Un merveilleux cachet. Fleuve, exempt de détours,
Ses flots majestueux et sa source féconde
Sont à la fois l'honneur et les bienfaits du monde.

La langue, avant Malherbe, et sans règles alors,
Dans un tour inconnu prit comme un nouveau corps;
Les mouvements du cœur, les sentiments de l'âme
Brillèrent, sous ses lois, d'une plus pure flamme.
Ah! c'était vraiment là l'ouvrage d'un progrès,
Or, comment se fait-il, en signalant ses traits,
Que ce qui fut jadis jugé comme un prodige,
Depuis, n'ait pas valu qu'on en garde un vestige.

Ne condamnons personne à l'imbécilité :
Ce siècle, de la France aura bien mérité,
N'eût-il que préparé le siècle de Racine.
Racine, c'est tout dire, et le monde en ruine
Verra régner un jour, dans un monde nouveau
Ce modèle accompli du touchant et du beau.

Il est des monuments d'un style impérissable ;
Dans leurs contrefaçons, je vois des grains de sable,
Jouet du vent, sans force, et sans cohésion.
Malheur aux vanités, honte à la nation
Qui voudraient profaner, d'une main criminelle,
Des lauriers qu'a tressés une gloire éternelle.
« Connaissez votre maître, et ne le bravez pas,
« Comme aux Rois au Génie on parle chapeau bas. »

Ainsi, vantez et prose, et vers du Réalisme,
Dites que nos penchants sentent le crétinisme,

Couvrez-nous de dédains, souriez, insultez,
Nous vous opposerons d'immortelles beautés.

Le vrai poète, oh ! non, il n'a rien du barbare ;
Il est, à notre esprit, ce qu'au loin est un phare ;
Il émeut, il éclaire, et sa noble clarté
Comme un autre soleil luit pour l'humanité.

  Verneuil, 1866.

LE 21 JANVIER

—

D'où descend tout ce peuple, où se rend cette foule,
Dont la rumeur, semblable aux échos de la houle,
En rappelant en moi les flots et ma terreur
Déchire mon oreille, et me glace le cœur ?

— Ne le demandez pas. Ce peuple est en délire,
Et dans ses traits hideux je tremble de trop lire.
Il est mandé, non loin du palais de nos Rois,
Là, même, où, sans relâche, on immole à la fois
La grandeur, les vertus dont s'honorait la France.
Talents, beauté, noblesse, et toi, céleste enfance,
Vous vous engloutirez dans un commun trépas,
Et quels yeux desséchés ne vous pleureraient pas !

Mais il reste à frapper une immense victime,
Et jusqu'au parricide on poussera le crime.
Notre Roi n'est plus Roi. Le peuple est Souverain ;
Il a pour attributs une hâche à la main,
Et veut mettre à néant ce monument de gloire,
Ce nom majestueux vénéré dans l'histoire :

L'insensé !... Dans le meurtre il cherche le bonheur,
Et qu'y trouvera-t-il ? — Misère, et déshonneur.

Désaltéré, le Tigre est encor sanguinaire
Quand le Roi des forêts à sa dent sait soustraire
Une inutile proie, un innocent agneau.
Le peuple, c'est le Tigre, égorgeant un troupeau.
Rien ne peut assouvir ni sa soif, ni sa rage,
Sa jouissance, à lui, sa loi, c'est le carnage :
D'ailleurs, lorsqu'on lui dit que s'il est opprimé
Il le doit au tyran qu'il n'a que trop aimé,
Qu'en pourrait-on attendre ? En un moment suprême
L'opprimé puisera sa vengeance en lui-même :
Les premiers criminels sont ceux qui l'ont trompé,
Ce trône jeté bas, c'est eux qui l'ont sapé.
Mais, secondés à point dans leur conduite habile,
Ils ont trouvé partout un sentiment docile,
Et l'on ignore, ô Dieu ! ce qu'il faut plus haïr,
De qui dut commander, de qui sut obéir.

Et voilà le danger de ces hardis sophismes
Qui préparent de loin les plus grands cataclysmes !
On brise la morale et la Table des lois,
Le juge est sans pudeur, le défenseur sans voix,
Tout excès est permis, toute vertu suspecte,
Et l'innocence enfin n'a plus rien qu'on respecte.

Aussi, de ces fiers mots de Révolutions,
D esclavage du peuple, ou droits des nations,

A bien considérer ce que l'on s'en propose,
Comment n'en pas maudire et l'effet et la cause?
Cause, lisez *prétexte*... or de là vient le mal.
Et que peut alléguer un sentiment rival?
Contre la vérité quel sera son refuge?
Il dira s'abritant sous un vain subterfuge,
Et jaloux d'outrager l'autorité des Rois,
Qu'ils n'ont que des *devoirs*, les peuples que des *droits* :
Quels droits? hélas! le peuple, on sait comme il en use!
Il prend, envahit tout, par la force ou la ruse :
Pouvoir, Religion que veut-il épargner ?
Où sont les vérités qu'il n'ose dénier,
Quels sont-ils les griefs dont il ne s'autorise
Pour abattre à ses pieds, et le sceptre, et l'Église?

§

Mais il va se lever, ce jour trois fois maudit,
Qui verra notre Roi, comme jadis le Christ,
Traîné par des bourreaux au champ d'un vil supplice.
Son âme ne craint rien du dernier sacrifice;
Un pontife, à genoux, admire sur son front
Ce que peut inspirer le mépris d'un affront.
Ah! ce n'est pas ainsi que s'annonce un coupable;
Seule, d'un pareil don l'innocence est capable;
Pourtant, des souvenirs, souvenirs déchirants,
Montrent au père, au Roi, la Reine, ses enfants;
Et lorsqu'à leur amour sa tendresse est ravie
Il reproche à son rang les malheurs de leur vie.

Tout est prêt, et l'on marche ; on marche lentement :
De l'exécrable arrêt est-ce un raffinement ?
Le peuple, qui se presse, et cherche ce visage
Dont le calme angélique est le calme du sage,
Fait entendre des cris... il sait donc s'attendrir ?
— Non ; il est affamé de voir un Roi mourir.

Il verra comment meurt un Roi qu'on assassine.
Chrétien, tu sais le prix que le Ciel te destine,
Ton cœur a pour soutien la Foi, la Charité,
L'Espérance te luit : Monte à l'Éternité !...

Qu'importe ces rumeurs, les cris de cette foule !
« *L'insulte* des méchants comme un torrent s'écoule ; »
« Otez-moi ces liens, dit-il à ses bourreaux,
« Un Roi, comme un soldat, sait tomber en héros. »

Et bientôt, ô grand Dieu ! roule une tête auguste,
Celle d'un saint Louis, d'un martyr, d'un Roi juste.

Plèbe lâche et féroce, applaudis ! Plus de Roi !
Mais son sang, qui jaillit, retombera sur toi ;
Le tien se répandra comme les flots de l'onde,
Tu sèmeras tes os sur tous les points du monde,
Et pour prix de la gloire acquise par tes fils
Ils verront refleurir la couronne de Lys (1).

(1) La prédiction s'est accomplie, mais une nouvelle secousse y a mis un terme.

Verneuil, 1866.

MARIE-ANTOINETTE

—

16 OCTOBRE 1793.

I

Louis Seize n'est plus : la hache attend sa veuve !

De mépris, de clameurs, d'opprobres on l'abreuve ;
On joint, pour l'accabler, l'imposture au malheur,
Et qui pourrait, ô Ciel ! y songer sans horreur ?
Illustre rejeton d'une héroïque mère,
La fille des Césars subira la misère.
A quels apaisements son cœur peut-il s'ouvrir ?
Est-il une douleur qu'elle n'ait à souffrir ?
Elle a vu disparaître, ou tomber autour d'elle
Ceux qui lui conservaient un sentiment fidèle.
Sans liberté, sans air, sans vêtements, sans pain,
Ses enfants, sous ses yeux, ressentiront la faim ;
Elle réparera de ses mains épuisées,
Les hardes que le temps et leurs jeux ont usées ;
Et, si, déjà, le peuple a résolu sa mort,
A ces nobles enfants que réserve le sort ?

Ainsi, Reine sans trône, et veuve, et prisonnière,
On foule aux pieds ses droits et de femme et de mère

§

D'où viennent ces rigueurs, ou plutôt tant d'excès ?
— Antoinette d'Autriche aurait pour les Français,
Pour leur esprit, leurs lois, une haine secrète,
Et ce mensonge insigne, en chœur on le répète.
— Elle aurait établi dans les rangs de sa Cour
D'intimes amitiés moins pures que le jour.
— D'un monarque débile adroite conseillère.
Elle aurait pu servir une cause étrangère.
— Française avec dégoût, Autrichienne de cœur
De son sang elle aurait l'insultante hauteur.
— De son royal époux voulant briser les chaînes
Elle aurait provoqué sa fuite sur Varennes.
— Enfin, chez l'ennemi comptant nombre d'aïeux,
Pour les coalisés elle aurait fait des vœux.

§

Hélas ! qu'il est aisé de transformer en crimes
Des élans généreux, des penchants légitimes !
D un pouvoir abattu les lâches détracteurs
Deviennent sans effort des calomniateurs ;
Et qu'importe à la haine, et qu'importe à l'envie
Si leur fureur enfante ou la mort ou la vie !

On servait une cause, on l'a pu déserter,
On voudra la flétrir, et la persécuter.
Voilà comme en des temps où l'écume bouillonne,
Le sens moral n'a plus, dans le champ qu'il se donne,
Rien qui reste des lois de la simple équité,
Et, seul, l'accusateur est encore écouté.

Quant au projet de fuir, quant à ces tristes scènes
Qui pour toujours auront déshonoré Varennes,
Et marqueront bien plus que le fer et le fouet
L'affront de ce Judas qui s'appela Drouet,
Pourquoi Dieu voulut-il qu'épouse trop féconde,
Une mère, une louve, ait mis cet homme au monde?

Or, même en admettant la criminalité,
Au lieu du désespoir d'un Prince épouvanté,
L'imputer aux conseils de Marie-Antoinette
C'est accuser sans preuve une bouche muette;
Et depuis quelle entrave un trop malheureux Roi
N'aurait-il pas pu prendre un grand parti sur soi!
A-t-il dû consulter un ministre ou la Reine?
Sa volonté suffit, puisqu'elle est souveraine.

Au reste, incriminer ce noble sentiment
Qui réunit deux cœurs dans un pareil moment,
Se porter délateur de la foi conjugale,
Y voir la trahison, y puiser du scandale,
C'est confondre du moins ces dénonciateurs
Qui faisaient de la Reine, aux jours de ses splendeurs,

Une mère oublieuse, une épouse fragile,
Donnant à des amis un accès trop facile.

§

Et, sur de tels soupçons vous iriez accuser
Une femme, qui peut en vous tout récuser !
Je l'entends s'écrier :

    « Veuve d'un Prince auguste,
« Je crois que son pays sera deux fois injuste.
« A peine saturés de son sang encor chaud,
« Vous conduirez demain sa femme à l'échafaud,
« Mais vous écouterez peut-être la victime.
« Si les vertus du roi furent pour lui un crime,
« J'ambitionne moins sa culpabilité,
« Et deux meurtres pour un vous auront peu coûté.
« Nous avons occupé dignement un grand trône ;
« Versant à pleines mains et le baume et l'aumône,
« Nous avons essuyé les pleurs des malheureux
« Avant de devenir plus infortunés qu'eux.
« Je nomme vos griefs un tissu d'impostures,
« Un limon, distillé dans des sources impures.
« Vous avez accusé, condamné votre Roi,
« Je fus Reine, et sa femme, ingrats, condamnez-moi.

« Mais laissez mes esprits s'interroger eux-mêmes ;
« N'avons-nous pas besoin, en des instants suprêmes,
« D'emprunter aux soutiens que Dieu nous a donnés
« Le courage qui manque à des abandonnés ?

« Oui, j'appelle un témoin qui prendra ma défense
« Il dira si jamais j'ai dédaigné la France,
« Si de l'adversité j'ai su porter le poids,
« Si j'ai suivi du Ciel les éternelles lois,
« Si j'ai rempli les vœux d'une aïeule immortelle,
« Si je fus, sur le trône, un rameau digne d'elle.

« Chère ombre, apparaissez !... Ah ! vous cherchez ma [main,]
« Je ne crois pas rêver... mais vous cherchez en vain...
« Approchez, me voici, c'est moi, c'est votre amie,
« Venez à mon secours, on m'arrache la vie !...

« Dieu ! l'ombre a disparu !... Samson qu'en as-tu fait ?...
« Trop douce illusion, j'oubliais un forfait !
« Monstres vous avez joint le supplice à l'outrage !
« Si vous êtes encore altérés de carnage,
« J'ai ceint le diadème, eh bien voilà mon front,
« La hache languirait à n'abattre qu'un tronc.

« Mais quoi ! J'ai des enfants adorés. Sans leur mère,
« Au milieu des débris qui jonchent cette terre
« Que vont-ils devenir ? — Non, non, absolvez-moi,
« Insultez à mon deuil, au deuil de votre Roi,
« Mais pitié, mais pitié pour ces chers petits êtres,
« Leur sort est dans vos mains, vous en êtes les maîtres,
« Si l'amour paternel effleura votre cœur.
« Rassurez ma tendresse, et calmez ma terreur. »

§

On était loin alors, d'un temps trop éphémère,
Où le peuple obéit, sous un frein tutélaire,
Où le juge, blanchi sous l'empire des lois
Fait entendre, au prétoire, une équitable voix.
Le tigre déchaîné ne connaît point de maître,
Et malheur à celui qui le verra paraître ;
Au tigre il faut du sang, du sang, encor du sang,
Festin qui donnera de l'ardeur à son flanc ;
Comment donc transformer en subite abstinence
Le penchant dont il tient ta force et sa puissance ?

§

Reine, d'ingrats sujets oseront vous juger,
Vous juger pour la forme et pour vous égorger.
Jaloux d'un tel office, un tribunal infâme,
Indigne d'admirer les vertus de votre âme,
Requerra des aveux qui vous feront rougir ;
Mais Votre Majesté saura l'anéantir
En quelques mots, de ceux qu'une mère offensée
Trouve au fond de son cœur plus que dans sa pensée.

§

Cependant, des faubourgs les flots toujours montants,
Rappellent les forfaits, l'honneur d'un autre temps,

Et les mois écoulés depuis un parricide
Rendent impatient l'instrument homicide.
Nul n'échappe à ses coups c'est la fatalité
Frappant dans tous ses rangs la triste humanité.
Mais son tranchant se plaît à choisir les victimes
Les plus nobles, pour lui sont les plus légitimes ;
N'est-ce pas dire assez que, fille d'Empereur,
Veuve d'un Roi de France, et mère de douleur,
L'Archiduchesse-Reine ira grossir l'histoire
Des justes d'ici-bas immolés dans leur gloire ?
Et n'est-ce pas ainsi que dans d'affreux liens
S'éprouvent la constance et la foi des chrétiens ?

Acceptez sans faiblesse un dernier sacrifice,
Reine à la fleur des ans, pure sans artifice,
Idole d'un troupeau pour jamais dispersé !
Le calice est tout prêt, le breuvage est versé ;
Vous saurez le saisir d'une main calme et ferme,
Et vos malheurs, du moins, auront trouvé leur terme.

Quant à ces rejetons, après vous orphelins,
Seront-ils épargnés par vos vils assassins ?
Votre cœur se déchire !... Oh ! pleurez, tendre mère !
Ce que vous redoutez, Dieu le laissera faire.
C'est qu'il a ses rigueurs, c'est qu'il a des desseins
Qu'il voile, et qu'il recèle en ses puissantes mains ;
Et ne voulut-il pas que, non loin du Calvaire,
Un saint homme, Simon, soulageât la misère

De *Jésus* sous sa Croix ? Au déshonneur du nom
Le bourreau du Dauphin s'appellera Simon.

Mais ce que Dieu permet d'iniquités, de crimes,
Au bonheur des élus réserve les victimes,
Et le sang des martyrs conquiert en un moment
Des palmes, dont la fleur dure éternellement.

§

Vous alliez à la mort, et je venais de naître.
Mon enfance apprenait sans peine à vous connaître
Par votre adversité, surtout par vos vertus ;
Et j'épelais ces mots, que je n'oubliai plus :

« Béni soit votre nom, pieuse et noble Reine,
« Bienfaisante, angélique, et douce Souveraine !
« Réunissez votre âme à l'âme d'un époux
« Digne de notre amour, de nos pleurs, et de *Vous !* »

II

Dans quelque soixante ans, que redira l'histoire ?
Sa voix tonnera-t-elle, à flétrir la mémoire
De tant d'atrocités ? — Non. — De beaux écrivains,
Des orateurs, parés de sentiments humains,
Oseront admirer dans ces scènes terribles
L'inévitable cours des choses perfectibles,

Et n'y voir, d'un œil sec, qu'un vulgaire incident
Qui ne peut amoindrir un grand événement.
Tout moyen est de droit, quand le but est utile,
Et discuter la forme est d'un esprit futile.
On ne saurait payer trop cher la liberté,
C'est d'ailleurs conquérir aussi l'impunité.

§

Je comprends, Citoyens, c'est là ce qui vous touche,
« Tout le reste est pour moi mensonge en votre bouche.

« Vous avez procédé par des arrêts de mort ;
« — Vous avez décidé, dans un touchant accord,
« Qu'un peuple est toujours juste, un Roi toujours
[despote],
« Et qu'il n'a que les droits dont la force le dote.
« — Vous alléguiez l'impôt, et vous l'avez doublé ;
« Un lourd recrutement, vous l'avez décuplé ;
« — Le pain était trop cher, on vous doit la disette ;
« — L'argent circulait mal, aimez-vous mieux la dette ?
« — Vous condamniez la guerre, et vous rompez la paix ;
« — Nous payons en écus, vous payez en billets.
« — La justice était lente, elle est expéditive, —
« J'en veux bien convenir ; elle est même un peu vive,
« Car elle sait user d'un argument final
« Qui peut mettre ma tête aux pieds du tribunal. »

§

O délire ! ô terreur ! ô jours maudits et sombres !
A vos tristes clartés quelles funèbres ombres !
Vous avez tout sapé, vous avez tout détruit,
Et de tels attentats qu'est devenu le fruit ?
Je veux l'examiner.

    Dans une île voisine,
Il est un peuple altier, dont le sens droit domine
Qualités et défauts. Toujours calculateur,
Mais fier de son pays, il doit à sa grandeur
La fortune et la paix. Ce peuple-là, naguères,
Après de longs débats, et de sanglantes guerres,
Voulut dans ses foyers fonder la liberté,
(Je dis la liberté, non pas l'égalité),
La liberté pour tous, chaque rang dans sa sphère ;
De sorte que, petit ou grand propriétaire,
Seigneur, industriels, commerçant, tenancier,
Tout homme est devenu citoyen tout entier,
En laissant à chacun, et ses prérogatives,
Et son indépendance, en tous points effectives.

La base du contrat fut donc la liberté,
C'est ce qui prévalut. Quant à l'égalité
On eut le bon esprit de la croire impossible,
Ou du moins éphémère, et partant destructible.

§

En France, on a cherché surtout l'égalité,
C'est un fait bien acquis, et dûment constaté.
Mais comment l'établir ? N'est-il pas deux manières
De remplir un fossé, de combler des ornières ?
Soit, l'une, en abaissant un bord trop exhaussé,
Soit l'autre, en exhaussant un fond trop affaissé ?
La dernière méthode est, je crois, la meilleure ;
Prenez sable et silex, ne perdez pas une heure,
Elevez le bas-fond jusqu'à certain niveau :
Le fond, c'est la chaumière, et le bord, le château.
Ainsi, l'ornière emplie, on la pourvoit d'avance
Contre le prompt retour d'une autre défaillance.
Nous avons préféré l'autre façon d'agir,
Nos bras ont abaissé le terrain pour l'unir ;
Mais la roue et le temps creusant toujours l'ornière,
En font un précipice ; et de cette manière
Elle est sujette encore à l'inégalité
Dont l'inconvénient devait être évité.

III

C'est que l'Égalité n'est pas la loi du monde.
La duchesse est stérile, et l'esclave est féconde ;
Vous êtes un lettré, je suis pauvre d'esprit ;
Mon cerveau sonne creux, le vôtre est érudit.

Les feuilles d'un même arbre offrent des différences ;
Entre deux gouttes d'eau combien de dissemblances !
Je suis un autre Job, vous êtes opulent ;
Mon ombre me fait peur, on vous tient pour vaillant ;
Je ne suis qu'un roseau, vous êtes un hercule ;
Ce qu'à droite on admire, à gauche est ridicule,
Vous mourrez centenaire, et moi dans mon été.

Oui, chacun, dans un moule ici-bas est jeté,
Mais la condition de chaque être diffère,
Et vous voulez que tout soit égal sur la terre ?
La brute a ses instincts, l'homme a ses passions ;
Son orgueil le conduit aux pires actions,
A la haine, à l'envie, à l'injustice, au crime ;
Les biens matériels sont les seuls qu'il estime,
D'autres n'importent guère à son avidité,
Et jouir sans limite est son éternité.
Mais la religion, source toujours féconde,
Les lois de la morale, et de cet autre monde,
Grand mystère aujourd'hui, qu'on connaîtra demain.
Protestent, malgré vous, contre un pareil destin.

Et croyez-en le sage : il n'est d'heureuse vie
Que celle qui n'a pas, en distillant l'envie,
Fait naître dans votre âme, ou la soif des faveurs,
Ou l'amour du pouvoir, de l'or, et des grandeurs.
La voix de la vertu, l'existence innocente
Que le malheur d'autrui seul émeut et tourmente,
La douce charité, le service de Dieu

Ardemment cultivés, à toute heure, en tout lieu,
Le respect des décrets à la Providence,
Le travail, le courage et la Sainte Espérance,
C'est le bonheur de l'humble et le roi des bonheurs,
Il nous mène à la mort, en la couvrant de fleurs.

Verneuil, mars 1867.

AUX ÉMIGRÉS DE 1870

L'INVASION ET L'ANARCHIE.

L'INVASION.

— Vous, qui fuyez le bruit, les horreurs de la guerre,
Vous, qui cherchez au loin un abri tutélaire,
Dites-nous vos soupirs, dites-nous les regrets
Qui vous ont accablés, en quittant vos guérets.
Ne caressez-vous pas, dans vos pensers moroses,
Le foyer, le jardin, le chien, mille autres choses
Qui sont toute la vie ? Elles ont à vos yeux
Des charmes, un aspect, doublement précieux.
Rien ne vous coûterait pour saluer l'aurore
Qui verrait l'étranger que tout Français abhorre,
Perdre jusqu'au dernier de ses noirs bataillons,
Et de son sang impur abreuver nos sillons.
Attendez : Dieu n'est pas pressé dans sa justice ;
Sa balance, à son gré, pèse le sacrifice ;

Toute cause, il la pèse, et s'il est irrité,
Rien n'altère le cours de sa stricte équité.

L'ANARCHIE.

— Nous devions, il est vrai, racheter des offenses.
Combien d'impiétés, combien d'indifférences
Ont tari dans nos cœurs les sources de la Foi !
Qui ne croit point en Dieu n'observe aucune loi.
Lorsqu'on brise tout frein, dans les dépositaires
Du pouvoir établi l'on voit des téméraires,
Des traîtres, des tyrans, d'odieux imposteurs.
Mais ce ne sont pas eux qui sont les oppresseurs,
C'est le peuple affolé, c'est la tourbe en furie
Qui, dans les carrefours se répand, et s'écrie :
« Le Ciel, un autre monde, un Dieu n'existent pas.
« L'homme expire, avec lui tout demeure, ici-bas.
« Mais un sort inégal marque sa destinée,
« Et pour souffrir toujours si ma famille est née,
« Je saurai renverser cette exécrable loi :
« Riche, donne ton or; Peuple, je te fais Roi ! »

Et lorsqu'il en est là, dans un instinct sauvage
L'homme ne rêve plus que sang et que carnage ;
Il provoque, il attaque, il déchire, il abat,
Et tûrait un mourant vingt fois, s'il se débat.
Demandez à Féraud, à l'illustre Lamballe
Si Paris n'a pas eu sa horde cannibale !

La populace avide, et de meurtre et de chair,
C'est le cyclone, accru des fureurs d'une mer
Dont les flots monstrueux, assaillant le rivage,
En dédaignent l'obstacle et s'ouvrent un passage.

§.

Si la mer est puissante, elle l'est moins que Dieu.
Que l'homme soit cruel, en tout temps, en tout lieu,
Infaillible, éternel, l'œil de la Providence
Nous juge sans rigueur, comme sans indulgence;
Il embrasse le monde, et s'il n'ignore rien
Il sait punir le mal, récompenser le bien.

L'INVASION.

— Instrument d'une basse et perfide vengeance,
Un mortel ennemi s'est rué sur la France!...
Son compte, nos enfants le solderont un jour.
Il suffit que la roue ait, dans un demi-tour
Avec soin préparé, déplacé la Fortune.
Les infidélités sont sa règle commune :
Qu'importent ses galants, préférés aujourd'hui,
Pour d'autres, dès demain, ses faveurs auront lui.

L'ANARCHIE.

— Quant à ces égorgeurs, que la France indignée
Ne saurait supporter d'une humeur résignée,

Si la justice humaine en épargne les rangs,
Si, sévère aux petits, et complaisante aux grands,
Elle outrage le Ciel par de lâches faiblesses,
Ne nous alarmons pas, ajournons nos tristesses ;
L'homme répond du poids que sa tête a porté,
Et chacun recevra ce qu'il a mérité.

L'INVASION.

— « Guillaume, plus chargé de crimes que de gloire,
« Un jour l'Enfer sera le prix de la victoire. »

L'ANARCHIE.

— « Et vous, fiers citoyens, prônés par vos pareils,
« Jamais vos vils flambeaux ne seront des soleils. »

§

Hélas ! notre patrie, au comble des misères,
Voit périr les lauriers qu'avaient cueillis nos pères !
Et ses vallons, jonchés de pleurs et de débris,
Auront-ils un écho qui répète mes cris ?...

Nantes, janvier 1871.

A L'IMPÉRATRICE

Laissez, laissez passer, noble et sainte Eugénie,
La tourbe des méchants, ivre de calomnie !
Laissez s'épanouir, dans leur sauvage orgueil,
Ces nains que vous auriez terrassés d'un coup-d'œil !
Laissez s'infatuer ces orateurs de halles,
Chargés d'ignominie, et couverts de scandales !
Laissez passer Ledru, Gambetta, Favre, Thiers,
Tôt ou tard bafoués, on les verra moins fiers.
Le temps est notre maître, il est maître du monde ;
Il venge l'opprimé, jette au vent la faconde,
Il vieillit les vivants, fait oublier les morts,
Il grandit les petits, il écrase les forts.
Nos éhontés tribuns, planètes éphémères,
Cèdent déjà leur rang à de plus téméraires,
Eh ! oui ! Lorsqu'un orage a grossi le ruisseau,
La fange l'envahit et change son niveau.
L'avenir est à vous. La fortune infidèle
Ne peut dans ses rigueurs se montrer éternelle,
Et si le juste Ciel protège les grands cœurs,
Au prix de vos vertus quels seront vos honneurs ?

Illustre souveraine, et non moins digne mère,
Des lâches, trahissant ce double caractère,
Ont osé l'outrager, et renverser des lois
Que l'intérêt commun fit éclore autrefois;
Ils ont porté la main, une main sacrilège,
Sur un titre puissant, sur un grand privilège,
Et, foulant à leurs pieds votre sexe et vos droits,
Ils ont, en vous frappant, voulu frapper les Rois
Dont vous gardiez le sceptre. A tels acteurs, tel rôle,
Rôle, acteurs, inconnus dans notre antique Gaule,
Au temps où les esprits, paisibles et pieux
Laissaient dans le repos s'éteindre nos aïeux,
Temps où l'autorité, toujours indiscutée,
Était de bonne foi saintement acceptée.
Nous ne connaissons plus ce filial respect,
Tout nous est odieux, et tout nous est suspect :
Malheur, pourtant, à ceux dont l'aveugle colère
Dans le trône établi ne voit qu'un adversaire.
Quel est le souverain follement égaré,
Qui, bourreau de son peuple, en croit être adoré?
Et si notre intérêt est notre premier guide,
S'il nous promet des biens dont tout homme est avide,
Le moindre potentat, les moins sensés des Rois
Sauront assurément subordonner leurs droits
A la douce espérance, à la solide gloire
De monter jusqu'au haut du Temple de mémoire,
Bénis de leurs sujets, contents d'avoir été
Portés par leur amour à la postérité.

§

Mais, pourquoi m'écarter de mes premières rimes,
Humble hommage de vœux et d'amour légitimes?
Elles se repaissaient d'un immense bonheur,
Celui que l'on éprouve à descendre en son cœur.
Je puis y revenir, j'y reviens, sans attendre
Qu'une plus noble voix ait su se faire entendre.
O vous, grande victoire, auguste épouse en deuil,
Dont le bannissement est un titre d'orgueil,
Mater dolorosa, que l'univers admire,
Dans un noir horizon si mes yeux peuvent lire,
Je prédis à vos ans des ans pleins de splendeurs,
Des ans qui tariront vos soupirs et vos pleurs.
Paris, désabusé, Paris avec la France
Voudra mettre à profit sa propre expérience.
Alors, quels cris joyeux! quelles prospérités!
Quels dédommagements à tant d'iniquités!
Traîtres, disparaissez d'une funèbre arène,
Jacobins, cachez-nous votre visage obcène!
On vous siffle, on vous chasse, en épargnant vos jours,
Pour nos pères, hélas! l'avez-vous fait toujours?
Mais nous ne voulons pas vous prendre pour modèles;
Vos mains, teintes de sang, sont des mains criminelles;
Qu'elles sachent se joindre et s'élever vers Dieu,
Avant de dire au monde un éternel adieu!

V., février 1874.

LES VANITÉS DE L'ESPRIT

A Monsieur ***.

—

A vous, auteur charmant de plus d'un noble écrit,
J'oserai demander : « Qu'est-ce donc que l'esprit ? »
L'esprit se conquiert-il ? Est-ce un don de naissance ?
Faut-il nous prosterner devant cette puissance,
Comme on s'incline au nom d'un martyr, d'un soldat,
L'un mourant pour son Dieu, l'autre sauvant l'État ?
Nous ne refusons pas aux arts, à l'industrie,
Le rang et les honneurs que leur doit la patrie ;
Au sein de ses vertus, pures comme le jour
L'esclave du devoir mérite notre amour.
Mais l'esprit, ce présent, ce magique fluide,
Qui correspond à l'âme, et trop souvent la guide,
Quelle place tient-il dans la création,
Commande-t-il enfin notre admiration ?

— Mon embarras est grand, répond le personnage,
Et ne pas s'expliquer serait un parti sage.
Mais, de quelques amis, hommes de bonne foi
J'ai connu la pensée : eh bien ! écoutez-moi :

Ils disent, sans façon, nos excellents confrères,
Confrères en essais, appelés littéraires,
Qu'il n'est rien au-dessus de l'esprit, ici-bas,
Et chacun pense au sien, s'il ne le cite pas ;
Mais qu'importe un aveu ! L'*a-parte* se devine,
Et la discrétion sur ce point n'est pas fine.
Or, autant proclamer qu'on est charmé de soi,
Qu'aux écrivains du jour on peut parler en roi,
Que Pierre est sans talent, Thomas un pauvre sire,
Enfin qu'on est tout seul un grand homme, à vrai dire.

Pourquoi donc ce travers, et pourquoi tant de bruit ?
A tel sol telle plante, à tel arbre tel fruit.
Il en est de l'esprit comme de la noblesse,
Un enfant en hérite, avant même qu'il naisse :

Dédaignez-les ensemble, ou prisez-les tous deux,
Sans les avoir acquis vous les tenez des Cieux.
En s'énorgueillissant des dons de la nature
L'homme pourrait confondre avec la créature
Le pouvoir infini du Divin Créateur ;
De ce que nous valons il est l'unique auteur,
Et tirer vanité de notre intelligence
C'est établir un droit sur une inconséquence.
Vous devez, j'en conviens, quelque chose aux efforts
Sous lesquels votre luth assouplit ses accords ;

Vous devez, pour un peu, vos succès à vous-même ;
Dans un superbe élan, dans une ardeur extrême

Vous vous êtes instruit au sein de l'atelier,
Un goût correct et pur fut votre conseiller ;
Il mérite, sans doute, une palme honorable ;
Mais n'allez pas demain, Grenouille de la fable,
Comparer votre taille aux chefs-d'œuvre sans prix
Dictés, de siècle en siècle, à d'étonnants esprits.
Philosophe, drapé dans votre modestie,
Content de la faveur qui vous fut départie,
Dites-vous :

« J'ai tenté d'employer noblement
« Ce que le Ciel daigna m'octroyer de talent.
« Aux feux dont je brûlais je me suis cru poète,
« Les œuvres du grand siècle ont enivré ma tête ;
« Au sommet de la gloire, à l'idéal du beau
« Je montais, à côté de Racine et Boileau.
« Hélas ! j'étais peu propre à pareille entreprise,
« Et ma vocation paraît s'être méprise ;
« Suis-je désabusé ? Je n'en répondrais pas,
« Mais je veux désormais mieux mesurer mon pas ;
« Sachons penser de nous ce qu'en pensent les autres :
« Nos dons, ce sont les leurs, leurs défauts sont les
[nôtres],
« Et ne nous croyons pas, vulgaires écrivains,
« D'une pâte inconnue au reste des humains. »

La vanité du sang dans ses excès nous blesse,
Et celle de l'esprit est une autre faiblesse ;

Ces deux fruits du hazard, enclins à s'arroger
Des honneurs, que la foule aime à leur adjuger,
A qui les devons-nous ? C'est à la Providence !
Ayons donc moins d'orgueil, plus de reconnaissance,
Et disons humblement, en courbant les genoux :
« Dieu seul est tout-puissant et dispose de nous. »

Verneuil, 1866.

AU JEUNE PRINCE LOUIS DE L.

EN LUI ENVOYANT MON PORTRAIT PHOTOGRAPHIÉ

—

Vous entrez dans la vie, et je vais en sortir,
Me conserverez-vous un léger souvenir ?
Les traits qu'on a connus dans son adolescence
S'effacent aisément ; une aimable science
Se charge désormais de les perpétuer ;
Les miens sont sous vos yeux, veuillez les agréer.
Tout doit vous présager une heureuse carrière,
Vous n'avez qu'à choisir. Pourtant, sceptique et fière,
L'époque où nous vivons assigne un noble rang
Aux talents éprouvés, plus qu'aux titres du sang,
Et l'oreille attentive au bruit de l'éloquence
Elle aime à s'incliner devant l'intelligence :
C'est ainsi que, fondant un solennel concours,
Aux œuvres du mérite elle offre un vaste cours.
Concluons de ce fait, qu'aucun autre avantage
N'équivaut au savoir ; que tout homme, à tout âge,
S'il est laborieux, acquiert pour ses vieux ans
Des plaisirs, des trésors sans cesse renaissants ;

Et qu'aux jours du repos, en cultivant l'étude,
Il puise aux éléments d'une utile habitude
Des consolations, que les meilleurs esprits,
Dignes de les goûter, mettent au plus haut prix.

Mais, pour si doux que soit, au sein de la retraite,
L'abri qui dans la paix repose notre tête,
Il est un lieu meilleur, où le cœur inspiré,
Monte, et franchit les murs du monument sacré.
Là, nous irons, brûlant d'une modeste flamme,
Offrir à l'Éternel notre corps et notre âme ;
Le grand s'y sent petit, l'humble s'y sent heureux ;
La même piété les réunit tous deux.
C'est que le Roi du Ciel n'admet point les distances
Dont la terre voudrait séparer les naissances ;
Il nous voit du même œil. Pour lui, l'homme de bien
Est l'homme selon Dieu : les autres ne sont rien.

Verneuil, 12 juin 1867.

TRAIN DE PLAISIR

Je signale deux jours charmants, dans un voyage,
C'est celui du départ, et celui du retour.
En partant, tout sourit, depuis le paysage
Jusqu'aux émotions qu'on ressent tour à tour.
Oh ! que le monde est grand et le globe admirable !
Ils semblent faits pour l'homme ; et, pour le rendre heu-
[reux,]
Les doux raffinements qu'il doit au confortable
Préviendront ses désirs, et combleront ses vœux.

Sans doute. Cependant, avec ces jouissances,
On regrette en secret un modeste chez soi ;
Et puis, ce char de feu, dont je subis les chances,
Porte-t-il le trépas, ou des plaisirs pour moi ?
Hélas ! notre destin est plein d'incertitudes ;
Nous marchons vers un but, le poursuivons toujours,
Et, trop souvent soumis à des vicissitudes,
Nous sombrons, impuissants à suspendre leur cours.

Mais, pourquoi m'élever en si haute atmosphère ?
Ne pouvais-je autrement, décrire à mon lecteur

(Surtout sous une forme un peu plus familière),
Les disgrâces sans nom de l'humble voyageur ?
Peindre, à gros traits, l'hôtel, le lit, qu'on lui dispute,
Le voisin qu'on lui donne, une sorte de brute,
Un étrange couvert, des dîners éternels,
Assiégés, engloutis par vingt Pantagruels ;
La chaleur et le froid, le linge encore humide,
La carafe d'eau tiède et le vin homicide ;
Des bonjours importuns, de larmoyants adieux,
Le bruit intérieur et celui de la rue,
Sonnettes et garçons tonnant à qui mieux mieux,
Enfin tout ce qui blesse ou l'oreille ou la vue,
Sans parler de la note, et de l'heure du train,
Deux tyrans, deux coursiers, indomptés et sans frein ?
— Voulez-vous déjeuner ? — Bah ! par la sainte Vierge,
Le chef n'est pas levé, rien n'est prêt dans l'auberge.
— S'agit-il de souper ? c'est un autre embarras,
Car l'office est en deuil du dernier de ses plats.

Oh ! naïf pot-au-feu, mijoté sous mon chaume,
Je donnerais pour toi, vois-tu, tout un royaume.
Que ton parfum me plaît ! que tes grands yeux sont
[beaux !]
Ceux qui t'ont dénigré, ces gens-là sont des sots ;
Tu n'as jamais trahi ma tranquille espérance,
Ni de mon appétit déçu la confiance ;
Souverain de mon âtre, objet de soins pieux,
Ami de ma santé, ne viens-tu pas des Cieux ?...

Quant à cette liqueur, que *fin Bordeaux* on nomme,
Triste décoction, breuvage frelaté,
Qui dupe, en l'altérant, un palais gastronome,
J'ai, blottis dans un coin frais et bien cimenté,
Quelques flacons poudreux, dont l'âge respectable
Émeut fort les amis que j'admets à ma table;
Laissons donc à Tœplitz et laissons à Hombourg
Le droit d'empoisonner Albion chaque jour.

Je conclus. S'envoler, entreprendre un voyage,
C'est montrer à la fois du goût et du courage,
Et l'on pourra narrer, sur un ton pénétrant,
Tout ce qu'on a souffert un mois ou deux durant.
Mais Paris qu'on fuyait, le gîte qu'on y trouve,
Ont peut-être leur prix, et le retour le prouve;
On s'embarque avec joie, on rentre avec bonheur :
Ce sont deux jolis jours, ma parole d'honneur !

    Verneuil, 9 juillet 1870.

LE SIÈCLE

—

Dans ses emportements, la folle humanité
Se lève avec fureur contre l'autorité,
Et partout l'anarchie ou menace, ou domine.
Autorité morale, autorité divine,
Autorité du sang, autorité des lois,
Nous foulons tout aux pieds. On outrage les Rois,
On devient communiste, on se déclare athée ;
De ses propres enfants la terre épouvantée
Tressaille sur son axe, et cherche un point d'appui
Qui peut faillir demain, si ce n'est aujourd'hui.

Quand l'homme s'affranchit et du frein et du guide,
Qu'il a la liberté dont son cœur est avide,
C'est pour en abuser qu'il aime à s'en servir,
Et jamais l'on n'a vu qu'il en ait su jouir
Sans joindre à sa conquête un honteux despotisme ;
Car ses yeux ont été trompés par un faux prisme,
Par les conseils mauvais d'un sentiment jaloux :
La licence des uns fait le malheur de tous.

Or, sans nous rien cacher de notre décadence,
Qu'observe-t-on au loin, qu'aperçoit-on en France ?
Le siècle, fatigué de suivre un droit chemin
S'exempte ouvertement de tout respect humain.
Voyez ces rejetons, qui, dédaignant la gloire,
Se livrent au talent de fumer et de boire !
Leurs noms, on peut les lire, au front d'un monument
Digne du fondateur, et d'un peuple-géant.
Eh bien ! qu'en ont-ils fait ? — Favori du commerce,
L'un transporte ses vins pétillants jusqu'en Perse (1) ;
Et ce fils d'un héros, mélomane-amateur
Entraîné par ses goûts se fait compositeur (2).
Parmi les descendants de cette forte race
Il est des lauréats de courses et de chasse,
Ce sont les moins blasés et de corps et d'esprit,
Et leur aïeul peut-être à leur rôle eût souscrit.
Mais voyez ces gandins, ces roseaux au teint pâle,
Dont les traits sont d'un homme, et qui n'ont rien de
[mâle !]
Que peut-on espérer de pareils ascendants ?
Les anciens nous l'ont dit : « tels pères, tels enfants. »

Voyez ces grands seigneurs, esprits systématiques,
Qui, dans un noble club sont profonds politiques,
Et qui, partout ailleurs s'esquichant de leur mieux,
Font des vœux pour leur cause, et vont bâiller chez eux.

(1) M. le duc de M...
(2) M. le prince P...

Écoutez ces rhéteurs gonflés de leur mérite,
Qu'au rebours du bons sens le journalisme cite,
Disciples de Renan, pronés par Duruy.
Commensaux du ministre, ils sont dignes de lui.

Lisez ces écrivains, dont l'extrême courage
S'exerce à dénigrer les actes d'un autre âge !
A transformer le goût, comme on fait de Paris,
Sans laisser un vestige entier dans le pays.

Et comment estimer ces mères de famille
Pleines d'un vif amour pour leur fils et leur fille,
Mais qui font consister leur unique devoir,
De s'occuper de riens, du matin jusqu'au soir.

Voyez ces électeurs, l'un dévoué quand même,
L'autre, fier démocrate, opposant par système ;
Que représentent-ils, si ce n'est en deux mots,
Dans des rangs ennemis, une couple de sots ?

Quant aux triomphateurs de l'urne électorale,
Ils portent à la Chambre, en dose assez égale,
Avec la même ardeur le même acharnement :
Et puis, reposez-vous sur leur discernement !

Le Sénat est l'abri de soldats invalides,
D'illustres serviteurs et de talents solides ;
Mais la part que lui fait la Constitution
Gêne ses mouvements, borne son action.
Il défend le principe, il est une barrière

Contre ce qui prévaut dans une autre atmosphère,
Mais s'il veut infirmer ce qu'il croit dangereux
On dit aux vétérans qu'on se passera d'eux.

Et jetez un coup d'œil sur la magistrature !
Sans la calomnier et sans lui faire injure
J'estime qu'elle échappe aux besoins du pays ;
Que, juges, procédure, avocats et jurys,
Désarment trop souvent la vindicte publique,
Ou font de leurs arrêts un terrain politique :
C'est que l'homme, imprégné de l'esprit de son temps,
Même au sein du devoir écoute ses penchants.

Ainsi, sur plus d'un point, ce siècle de lumières
Encourt, à notre avis, des reproches sévères.
Il acclame l'orgueil, et l'incrédulité,
Il brave la morale et la Divinité ;
Par des moyens honteux il cherche la fortune,
La moindre autorité lui devient importune ;
Il pervertit le peuple, et lui montre du doigt
Que la force en ce monde, est le suprême droit ;
Qu'il la faut respecter, plus que l'intelligence ;
Que la matière inerte est la toute puissance ;
Que la terre n'est pas le lot de quelques-uns,
Et que les biens du Ciel doivent être communs ;
Qu'on ne sait pas pourquoi l'heureux propriétaire
S'enrichit aux dépens de l'humble locataire ;
Qu'en un mot l'univers n'est qu'un grand contresens
Doux à des favoris, cruel aux pauvres gens.

Ces imputations, effrontément lancées,
N'ont aucune valeur, et ne sont qu'insensées.
Du temps où nous vivons, le plus grave côté
Est qu'il laisse porter à la société
Les atteintes du mal, infiltré dans la masse
D'un peuple, qui, demain, envahira la place,
Pour attaquer le trône, et saccager Paris,
Pour imposer enfin son caprice au pays.

Ah ! l'on peut se moquer de notre inquiétude,
N'y voir, en souriant, qu'une vieille habitude,
Et prendre, sans soucis, l'uniforme chemin
Qu'on parcourait hier, qu'on reprendra demain.
Cependant le péril est tellement visible,
Qu'il se montre imminent, que tout devient possible.
Et ne dirai-je pas qu'à force d'oublier
L'on ne se souvient plus du *vingt-trois février?*
Alors, sous un nuage, une horrible tourmente
A sévi sur la France, en proie à l'épouvante !
Un seul homme eût suffi, peut-être à l'apaiser,
Toute une nation n'a pu la maîtriser.
Serions-nous désormais plus forts, plus invincibles ?
La foudre a, dans son cours, des effets si terribles,
Qu'il serait téméraire, en redoutant ses coups,
De mépriser l'éclair qui passe devant nous.

« Prince, doté d'un nom plus grand que sa fortune,
« Votre cause, aujourd'hui, la nôtre, ne font qu'une.

« Noble Paladium de la société
« Gardez ferme le trône où vous êtes monté.
« S'il chancelait demain l'infâme république,
« Héritière sans frein d'un despotisme inique,
« Parvenue au pouvoir, viendrait nous décimer,
« Comme en ces jours maudits qu'on voudrait exhumer.

« Empereur, ou berger, nul n'est exempt de fautes.
« Des gens sans foi ni lois sont devenus vos hôtes,
« Vous avez du penchant pour les témérités,
« Vous avez prodigué les prodigalités,
« Soit : nous vous absolvons, si, pilote intrépide,
« Vous savez conjurer la tempête homicide.
« Soyez pour notre barque une ancre de salut :
« Défendre tout un peuple, est-il un plus grand but !
« Qu'un courage inspiré soit notre Providence :
« Les souverains sans peur sont seuls chers à la France. »

O, mon pauvre pays, dans un rêve insensé
Seras-tu toujours sourd aux leçons du passé ?
Les générations paraissent, se remplacent,
Sans que tes passions et tes erreurs s'effacent !
Ah ! si les égarés revenaient au Seigneur,
Il leur départirait la paix et le bonheur.

Verneuil, avril 1868.

LE PROGRÈS

—

A Madame la Comtesse de T.

Qui, après la lecture de ce morceau, en avait demandé une copie.

—

« J'ai parlé de la Foi, vous étiez mon modèle,
« J'ai dépeint la douleur et vous la connaissez ;
« En vous intéressant à cette bagatelle,
« C'est, d'un prix sans égal, vous, qui l'enrichissez. »

Un solennel débat tient le monde en suspens :
D'un côté l'hérésie, ici sont les croyants.
Mais je crains d'être injuste ; et pourquoi l'hérésie
Me vient-elle à l'esprit, pour signaler l'impie ?
L'hérétique est croyant. Disciple de Luther,
Calviniste, Anglican, l'on t'a vu déserter
Le culte révélé ; mais à ton rit fidèle
Du respect de ses lois tu restes un modèle ;
Quel est donc l'adversaire, impie et menaçant,
Qui, de Rome ennemie, le serait du croissant ?

— Il se nomme progrès, science, réalisme,
Raison, philosophie, ou bien même athéisme.
Pour lui le fanatisme est l'égal de la foi,
Et, qui croit quelque chose est un homme hors la loi ;
C'est un fourbe, un menteur, c'est un vil hypocrite,
Qui, sous l'aspect trompeur d'un semblant de mérite,
N'ayant rien pour autrui dans ses avares mains,
Réunit les défauts des derniers des humains.

— Et, que dit le progrès, de la sainte espérance ?
— Qu'elle est inadmissible, aux yeux de la science ;
Que nous sommes matière, et ce qui nous conduit
C'est l'attrait du bonheur que sans cesse on poursuit.
L'espérance et pour nous une vapeur obscure,
Un rêve des plus creux, une invention pure,
Que le siècle repousse, et la raison détruit :
(Jugez de ce qu'est l'arbre, en voyant un tel fruit !)
Quant à la charité, nul, je pense, n'ignore
Que dans chaque mairie un bureau se décore
De cet auguste nom ; il ne faut rien de plus,
Et l'aumône privé est un fâcheux abus.

— Et la Religion sublime et consolante,
Qui, des cœurs malheureux mère tendre et constante,
Promet des biens si purs au sortir de la vie,
Qu'en font ces novateurs, dans leur docte génie ?

— La réponse à ceci n'a rien d'embarrassant,
Et puis, Voltaire est là, pour un cas plus pressant.

Ils disent, sans détour, que le Christianisme,
Est un culte caduc, un déplorable prisme ;
Qu'à l'aide de ce prisme on trompe l'ignorant
Pour le discipliner, comme on fait d'un enfant ;
Que l'esprit se révolte, à la seule pensée
D'une soumission, en tous points insensée,
A des abaissements qui trompent la fierté
Dont la création dota l'humanité.
Quant au Pape, il peut être un parfait honnête homme,
Mais il n'est, après tout, que l'Évêque de Rome,
Ni plus, ni moins ; dès lors, qu'il règne en ses États
Auprès de bons voisins, ou qu'il n'y règne pas,
Qu'importe à nous Français ? Mais ce qui nous importe,
C'est que, s'il est ingrat, on le mette à la porte.
D'ailleurs, on le soupçonne, et c'est très grave au fond,
D'avoir, en termes durs, inculpé le Piémont.
L'Italie étant libre, Emmanuel peut faire
Avec qui bon lui semble, ou la paix ou la guerre :
Sans quoi, je le demande, où gît la liberté ?
La Papauté le gêne, à bas la Papauté,
C'est conséquent. Ce que l'ancien régime,
Dans ses sots préjugés aurait appelé crime
Est absous, maintenant qu'on a mis tout à neuf.
— Et depuis quand cela ? — Depuis *quatre-vingt-neuf*.
Ensuite, on a forgé, grâce aux Conférences,
Un droit préconisé dans quelques circonstances ;
Il se nomme, *en anglais :* non-intervention ;
Il permet, il prescrit à toute nation

De laisser s'égorger la nation voisine,
C'est ainsi qu'il entend la charité divine ;
Chacun pour soi, dit-on, on y joint Dieu pour tous :
C'est superbe vraiment ; et ce droit, entre nous,
Veut aussi qu'un pays, dont l'ancien idiôme
Est celui que l'on parle en un certain royaume,
Tombe devant ce mot : Nationalité.
Il n'est pas des plus clairs, mais son obscurité
Sert son ambition ; c'est pourquoi le Saint-Père
Et la Sicile, ont vu Joseph (1) et son compère
D'un immense pays s'emparer sans façon :
Oui, c'est un droit des gens qu'ignorait Cicéron.
Il ne se doutait pas, l'éloquent et digne homme,
Que de Turin, un jour, le faubourg serait Rome,
Et que de ses grandeurs le Tibre serait veuf :
C'est toujours en vertu de l'an quatre-vingt-neuf.
Enfin, nous prétendons régénérer le monde,
L'arracher à des fers qu'un despotisme immonde
A forgés par la main des Prêtres et des Rois ;
Et pourquoi voudrait-il se soustraire à nos lois ?
Dans leur noble langage en est-il de plus belles ?
Vive la liberté ! tels sont surtout pour elles
Le principe et le droit, Maître de l'univers
Par son intelligence, à ses penchants divers
L'homme doit se livrer, sans gêne, sans mesure,
Autres que le repos marqué par la nature ;
Voilà le nouveau Code, il est encourageant,

(1) Prénom de Garibaldi.

Et nous lui prédisons un succès éclatant :
Écoutez ses Docteurs, admirez sa sagesse,
Et voyez ses produits : voyez-les dans la presse,
Dans le monde, au théâtre, et dans les carrefours ;
La vertu nous déborde et dans leurs heureux jours
Les siècles les meilleurs ont-ils vu moins d'offense
Aux lois de la morale, avec plus d'innocence ?
Ce serait l'âge d'or, n'étaient de petits faits
Qui ne peuvent faire ombre à de si grands bienfaits,
Comme ce que disait de la Sainte-Semaine
Un adepte fervent que trop de zèle entraîne :
« Dévots, occupez-vous du Christ, et des larrons,
« Nous, nous avons Longchamp et la foire aux Jambons : »
Ah ! ah ! ah ! Peccadille. Ayons pour la jeunesse
Quelque peu d'indulgence ; et que notre vieillesse,
En se ressouvenant du temps de ses erreurs
Sache avoir des bontés pour d'imprudents parleurs.

§

— Oh ! messieurs, halte-là ! c'est trop d'outrecuidance,
Pour qui réclamez-vous une lâche indulgence ?
Pour quels enseignements ? Et quoi ! Vous proférez
L'insulte et le mépris sur les objets sacrés
De nos humbles respects ! vous niez l'Espérance :
Dans votre aveuglement, dans votre inconséquence,
Brisant tout avenir, vous repoussez la Foi,
Traitez la Charité comme on gère l'octroi,

Et vous vous figurez que de pareils blasphèmes
Ne nous grandiront pas au-dessus de nous-mêmes ?
O, du Christianisme enfants dégénérés,
Des biens qu'il départit vous vous déshéritez !
Vous, de sa mission accusateur vulgaire,
Avez-vous oublié qu'en elle, votre mère
A mis vos premiers pas, et son premier espoir,
En priant pour vos jours, chaque aube, et chaque soir ?
Prenez garde, il est temps de rentrer au bercail
Où règnent la vertu, la paix et le travail.
Cette Religion, à vos yeux si menteuse,
Ces Prêtres, que noircit votre humeur bilieuse,
Avez-vous essayé de vous en approcher,
Leur avez-vous donné des larmes à sécher ?
Vous auriez pu trouver dans leur noble langage
D'un adoucissement le symbole et le gage ;
Et pourquoi rejeter ce qu'on ne connaît pas ?
Le bonheur est-il donc trop commun sur nos pas ?

Il est des vérités que l'on ne saurait taire,
Elles ont, par le Christ, apparu sur la terre,
Écoutez. Vous riez d'un fatal châtiment,
Auquel votre Progrès vous rend indifférent.
Réfléchissez-y bien. Nous changeons avec l'âge,
Et c'est de notre automne un moral avantage :
« Fort peu de criminels, montant à l'échafaud,
« Gardent l'aveu du crime, à l'aspect du bourreau, »

Vous, moins coupable qu'eux, n'avez-vous nulle offense,
Nuls écarts, nuls regrets, sur votre conscience?
N'avez-vous pas médit, jamais calomnié?
Avez-vous observé toujours la charité?
En brûlant quelquefois d'une profane flamme
N'avez-vous point porté le trouble en une autre âme?
Croyez-moi : remplissez un devoir sans égal,
Source des plus grands biens, guérison de tout mal,
Et ne débitez plus que nous sommes matière;
Que l'or, les voluptés, sont les Dieux de la terre (1);
Il est un autre Dieu, c'est lui qu'il faut servir;
Amour, soumission, sachons lui tout offrir,
Et s'il nous advenait d'avoir pu lui déplaire,
Son pardon nous attend, c'est le pardon d'un père.

Voltaire, quoiqu'on fasse, a cessé de régner.
Comme illustre écrivain il a su se ranger
Parmi les plus fameux : ici, justice est faite.
Mais comme fondateur, cherchez dans votre tête
Une œuvre sérieuse! Il a bien renversé!
Ses séduisants écrits ont tout bouleversé!
A quoi de respectable ont manqué ses critiques?
Cultes, gouvernements, vénérables reliques,
Ont éprouvé ses coups. C'est un démolisseur,
Mais qui ne sait qu'abattre; est-il un créateur?
Voltaire est demeuré comme un tigre en furie
Dont la terrible dent n'est jamais assouvie.

(1) Mandement de Mgr l'évêque de Versailles. Carême de 1861.

Enfants du siècle, il est encore un point
Sur lequel, croyez-le, je ne me tairai point :
Je veux parler du Pape. — Hélas ! la controverse
Qui, depuis trop longtemps se répand et s'exerce,
Cherche à concilier les faits avec les droits,
Sans pouvoir rapprocher les peuples et les Rois.
Mais, aussi, dédaignant la règle élémentaire
De la simple équité, l'on en a vu distraire
Ce qui pouvait du moins guider les bons esprits.
Le Pape est souverain. Dans ce mot sont compris
Avec les droits du sceptre, avec les droits du Trône
Les pays que légua Saint-Pierre à sa couronne.
On n'y pouvait toucher sans usurpation,
Tel est le droit commun de la possession ;
Et pour le consacrer il n'est pas nécessaire
De poser un dilemme ou de paix, ou de guerre ;
Ou bien le droit public est le droit du plus fort,
Et proclame en un mot que le plus faible a tort.
De nos jours, sous nos yeux, une indigne conquête
Du Pape menaçant la tiare et la tête
A violé ce droit; et dans ces temps maudits,
Comme au temps du Barbare, avec son *væ victis*,
Aucun Roi, de ce Roi se sentant solidaire,
Fils ingrat, ne s'est fait défenseur de son père.
Quand le peuple en courroux, comme une affreuse mer
Va renverser un trône, il sait s'armer du fer :
Lorsque les souverains, sur une auguste tête
Voyant, de leur Palais, éclater la tempête,

Abandonnent ses droits pour accepter le fait,
Ils sont à tous les yeux complices d'un forfait.
Du terrestre pouvoir il est près de descendre
Ce Prêtre-Couronné, dont la main sait répandre
Dans tous les cœurs pieux, les grâces, le pardon,
Ce Roi, dont les malheurs, partage de son nom,
Portent le désespoir jusqu'au fond de nos âmes.
Dieu n'ayant pas permis que les célestes flammes
Vînssent anéantir ses lâches ennemis,
Il ne règnera plus... qu'au cœur de ses amis :
N'en comptez pas le nombre, angélique Saint-Père.
Quand votre grande voix, des frises de Saint-Pierre
Dit *Urbi, et Orbi*, l'univers vous entend,
Et sous vos doigts sacrés tombe en vous bénissant.

Mais tout n'est pas fini. Voyez-vous la victime,
De l'exil et des maux montant jusqu'à la cîme,
Demander un asile aux Rois qui l'ont trahi,
Ne garder de son rang que la gloire et l'oubli,
Et, tranquille, prier dans une humble retraite
Qu'anobliront ses pas, qu'illustrera sa tête ?
A Rome, l'ont râillé des vainqueurs insolents,
« Et les buveurs l'ont pris pour Sujet de leurs chants(1), »
Ainsi parle David. Mais une autre couronne
Que le Pontife tient de la main qui les donne,
Orne son front, et c'est la couronne du Christ.
Dans ses divins fleurons brille le Saint-Esprit,

(1) Psaume 68.

Son éclat éblouit, et celui qui la porte
Du céleste séjour garde toujours la porte.
Cette couronne-là ne craint pas le pervers ;
Ses décrets vénérés gouvernent l'univers,
Et Dieu, qui la dota de sa main éternelle,
Donna son propre fils pour escorte auprès d'elle.
En éprouvant ici ses moindres serviteurs,
Le Ciel frappe à son gré le pauvre et les grandeurs ;
Puis il sait, quand il veut, proclamer l'innocence,
Et changer l'esclavage en un pouvoir immense.
Qu'un Roi vulgaire abdique, il est déshérité,
Et dans un coin obscur cache sa majesté ;
Mais le Pontife-Roi ne perd le rang suprême
Que pour tenir plus haut un triple diadème,
Celui qui ne peut craindre, ici-bas, qu'un seul front,
Et peut, seul, en honneur, transformer un affront,
Comme aux jours douloureux, de funèbre mémoire,
Où Jésus, mis à mort, est monté dans sa gloire.
Oui, le martyr dira : « Des témoins, contre moi
« Ont lâchement requis la rigueur de la loi ;
« Des étrangers puissants ont conquis mon Domaine,
« En payant mes bontés, mon amour de leur haine ;
« Mais leur iniquité ne saurait triompher,
« Et, d'un seul geste, Dieu peut les exterminer (1) :
« Je suis encor debout, je suis toujours un père,
« Et ma voix peut encor bénir toute la terre

(1) Psaume 33.

« Comme elle peut aussi, de son autorité,
« Châtier les ingrats qui m'ont persécuté ;
« Je puis porter l'effroi, le remords dans leur âme,
« Et les stigmatiser de l'éternelle flamme....
« Ah! revenez à moi, quand je suis tout à vous ;
« De ma juste colère apaisez le courroux,
« Je vous ouvre mon cœur... Enfin, je vous pardonne.
« En voyant vos regrets, sans peine j'abandonne
« Ces foudres dont mon bras était naguère armé,
« Et si, dans vos efforts par ma voix ranimé,
« Vous avez abjuré des erreurs lamentables,
« Dois-je m'inquiéter de ces biens périssables
« Que vos iniquités à l'Église ont ravis ?
« Approchez votre front :... Mon fils, je vous bénis.
« Allez : du Golgotha j'aperçois la montagne...
« Que la félicité partout vous accompagne!
« Les souhaits qu'un vieillard a puisés dans son cœur,
« En dépit du Progrès portent toujours bonheur (1).

(1) Allusion à un célèbre mot prononcé par Pie VII, à Paris en 1804.

Verneuil, 1861.

A MADAME LA BARONNE DE M***

ÉGALEMENT HABILE COMME POÈTE, PEINTRE ET MUSI-
CIENNE. (1)

—

Je ne saurais chanter, dans leur molle splendeur,
Ces élus, fatigués sous le poids du bonheur,
Qui, gâtés par le luxe et par l'indépendance,
Brillent de tous les dons, jusqu'en leur descendance ;
A qui rien ne fait faute, à qui tout a souri
En puisant dans une eau qui n'a jamais tari.
On encense, à genoux, ces heureux de la terre,
C'est, du soin des flatteurs le soin le plus vulgaire,
Et je suis mal enclin à prendre leurs discours
Pour l'école des mœurs, pour la leçon des cours.
Laissons là ces heureux, songeons à l'Évangile !
Il dit, sans parabole, et dans un simple style,
Que l'homme auquel le sort donne tout, ici-bas,
Y goûte un Paradis : « qui ne le suivra pas. »
Mais, s'il est un mortel, riche d'esprit et d'âme,
Qui, pour le bien, le beau, se dévoue et s'enflamme,

(1) Elle m'avait prié de lui adresser, à Néris, des vers, dont elle
serait le sujet.

Qui, trouvant en soi-même un sublime aliment
Sera de son pays l'honneur et l'ornement ;
Si, peintre, mélomane, aimable et grand poëte,
Ses lauriers sont le fruit d'une juste conquête ;
D'un reflet de son front, d'un éclair de son œil
S'il désarme l'envie, et s'il confond l'orgueil ;
Si le pauvre a toujours droit à sa bienfaisance,
Si son cœur, si sa grâce, et si sa bienveillance
Répandent le bonheur dont Dieu l'a su doter,
Ma main va le bénir, ma voix va le chanter.

De ce double portrait, qu'une plume incertaine
Esquisse en écolière, et partant non sans peine,
L'un est imaginaire : au caprice emprunté
J'ai cherché dans son galbe une moralité.
Quant aux traits du second, tracés d'après nature,
Sont-ils bien ressemblants? J'en accepte l'augure,
Car ils sont toujours chers, et présents à mes yeux ;
Charmants, nobles et purs, tels qu'on les prête aux Dieux,
On distingue aisément dans leur douce finesse
Un talent qui badine, un esprit qui caresse
Le projet d'étonner, ou de plaire à loisir :
Le burin est tout prêt, nous n'avons qu'à choisir.

Verneuil, 4 août 1868.

A MADAME LA BARONNE DE M***.

ÉPITRE.

Si je vous ai comprise, et si j'ai su vous lire,
Sous le charme indulgent des sons de votre lyre,
Vous m'avez décoré d'un nom majestueux,
Du grand nom de poète ! — En présence des Dieux,
Nos maîtres-souverains qui règnent au Parnasse
Je réponds : « Je n'ai rien de cette noble race. »

Eprouvé-je, en effet, cette inspiration
Qui fonde un juste titre à l'admiration ?
Gardez-vous de graver au haut du sanctuaire
Les essais d'un talent qui montre sa misère
La mesure est ici capitale en tous points ;
Veuillez donc l'observer avec les plus grands soins,
Sans mettre de niveau la Cité, le village,
Le Palais, le manoir, le Monarque et le page.
Accordons à chacun son équitable part !
Quel novice insensé se croirait un Jean-Bart,
Et comprendrions-nous que Racine ou Molière
Fussent déchus du rang qu'ils ont conquis naguère ?

Évitons prudemment l'exagération :
L'âne est-il un coursier, et l'insecte, un lion ?

Eh bien ! sans modestie, et sans trop me défendre,
Voici sur ma valeur ce que je puis entendre.
Fruits de la vieille école, et d'un goût qui n'est plus,
Des faveurs d'à présent mes écrits sont exclus.
Dictés par des loisirs, innocent badinage,
Peut-être ne sont-ils qu'un pâle radotage
Sans verve, sans saveur, sans mouvement, sans traits ;
De tels travaux d'esprit sont des plus imparfaits,
Et, tracée au compas, leur forme surannée
Fut au sommeil du juste à coup sûr destinée.
Ce qu'il faut, de nos jours, pour complaire au lecteur
C'est, en des mots nouveaux, ce langage frondeur
D'un réalisme outré, qu'on emprunte à la halle,
C'est l'art de mettre à nu l'impudeur du scandale,
Et si Chateaubriant demain se réveillait
Il serait accueilli par le bruit du sifflet.
Ce qui transportera, ce sont les tristes scènes
Où, sans frein l'on insulte à des Rois, à des Reines,
Où la noble naissance et l'éducation
Ont servi d'instrument à la corruption,
Où le peuple est flatté, les grands sont pleins de vices,
Où, même leurs vertus masquent des artifices.

Mais, si l'instruction, l'étude, le travail,
Ne sont pour nos enfants qu'un fatal gouvernail ;

Si l'exemple des mœurs, des plaisirs légitimes
Sans les former au bien sont la source des crimes,
Pourquoi répandrait-on inconsidérément
Dans les esprits du peuple un large enseignement ?
Dangereux pour les uns, l'est-il moins pour les autres ?
Non vraiment. Nos défauts deviendront donc les vôtres ?
Est-ce pour un tel but, qu'on voit des Professeurs,
Charlatans brevetés, ployer sous les honneurs ?

Ah ! l'éducation vaut mieux que la science !
Préchez, en l'observant, la morale à l'enfance !
Que l'enfant craigne Dieu, le reste lui viendra,
Et dans l'adversité la Foi le soutiendra.
Les merveilleux progrès qu'on doit à l'industrie
Ont placé dans l'algèbre et la géométrie
Les moyens de rêver un brillant avenir,
Et, par ces éléments pouvant y parvenir
On a mis en oubli, sans l'ombre de scrupule,
Des principes sacrés, voués au ridicule ;
Un siècle qui prétend que la matière est tout,
S'inquiète assez peu si Dieu reste debout ;
Mais, où le conduira sa folle outrecuidance ?
Aux malheurs, qu'en ses flancs porte la décadence.
Quel spectacle ai-je donc, au déclin de mes jours ?
Ce que mon siècle voit, je le vois à rebours.
Ma lèvre est dédaigneuse aux tableaux qu'il admire,
Et ses témérités me semblent du délire.
Il voudrait détrôner et le Ciel et les Rois,
Moi, j'aime la prière, et l'empire des lois.

En bon bourgeois il veut diriger ses affaires,
Comme si nos cantons n'avaient plus de notaires.
Il a soif de débats et d'agitations,
Serait-on malheureux sans les élections?
Les juges, autrefois, exerçaient la Justice,
Sans jury l'assassin subissait son supplice,
Et l'on n'obligeait pas l'épicier-citoyen
A remplir un office auquel il n'entend rien...
Je me trompe : il entend la voix de la défense,
Qui gêne son bon sens, trouble sa conscience ;
L'art de l'intimider est la clé des succès :
Sauver un meurtrier, c'est gagner un procès.
Mais la société, quel est le bénéfice
Quelle aura retiré de ce feu d'artifice ?
— Pardon, ses intérêts ne nous regardent pas,
Elle peut protester, elle a ses avocats. —

Quant aux bienfaits qu'on doit au bruit d'une tribune
Où l'on prend à témoin le soleil et la lune,
Que tous les gouvernants, en tout temps, sont suspects,
Le siècle, ingénieux, n'adopte ses arrêts
Que lorsqu'ils ont flétri, dans des mots magnifiques,
Le passé, le présent, l'avenir politiques :
L'ami parle fort bien, le ministre assez mal,
La gauche l'a trouvé filandreux et banal.

Et la législature, en proie aux coteries,
Mêlant parfois l'injure aux vertes railleries,

Méconnaît son mandat, foule aux pieds son serment,
Vaine formalité, bonne au premier moment.
C'est ainsi que l'État court au péril immense,
Que tout est compromis par la haute imprudence
D'hommes, qui revêtus de dehors imposteurs,
A l'abri de leurs droits sont des conspirateurs.
Quand tombera leur masque, et qu'ils criront : aux
[Armes !]
Tes yeux, ô mon pays ! verseront bien des larmes;
Du moins rappelle-toi, dans tes néfastes jours,
Que le mal n'a qu'un temps, que Dieu règne toujours.

Verneuil, 1er décembre 1868.

L'AGE MUR

A L'OCCASION DE L'ENVOI D'UN PORTRAIT
PHOTOGRAPHIÉ.

—

J'ose à peine, Madame, offrir à vos bontés
Les traits qu'à mes vieux ans la lumière a prêtés.
Mais pourquoi les produire au terme du voyage?
Ne pouvais-je, plus tôt, en hasarder l'hommage?
Répondez : « il voulut laisser venir le temps
Où les soins les plus doux sont peu compromettants.
Soit : j'accepte le mot, et n'allez pas médire
De cet âge, que comble un regard, un sourire
Lorsqu'un autre est fougueux, égoïste, léger.
L'âge mûr est discret, et sait tout ménager ;
Le rien qu'on lui promet il en use en silence,
Et met une sourdine à sa reconnaissance.
Puis, au banc de l'hiver vient s'asseoir l'amitié,
Qui s'offre tout entière, et non pas à moitié
Comme ce sentiment dont personne n'est maître,
Et dont la vive ardeur s'épuise, sans renaître.

Songeons au temps passé, c'est encore en jouir,
Laissons les jeunes feux brûler et s'amortir :
On adore, à vingt ans, mais on aime, à cinquante.
Lorsque la flamme est pure, elle est calme et constante,
Et le bonheur durable est le bonheur du Ciel ;
Par lui tout est parfum, par lui tout est de miel,
Et retenez qu'au Louvre, et sous le toit de chaume
L'amour est la blessure, et l'amitié, le baume.
Cependant, demeurez libre dans votre choix,
Le cœur a des secrets qui sont de douces lois.

   Verneuil, 1871.

LE GOUT LITTERAIRE D'AUJOUR-D'HUI

—

L'imagination, conseillère peu sage,
De la sobriété ne connaît point l'usage ;
Elle s'enfle, elle monte, elle va jusqu'aux Cieux,
Et ses propres excès éblouissent ses yeux.
Dès lors, adieu sens droit, allure naturelle,
A de réels succès la faconde est mortelle,
Et l'on voit rarement un talent scrupuleux
Se laisser emporter par l'ardeur de ses feux.
Que votre fond soit clair, votre forme, concise :
L'obscurité fatigue, et n'est jamais de mise :
Faites-vous bien comprendre, on vous écoutera,
Et si vous écrivez, sans doute on vous lira.
Ne vous guindez donc point. A propos de bluettes
N'invoquez pas soudain l'Olympe ou les Prophètes,
Et sans vous imposer un immense trajet,
A ses proportions bornez votre sujet.
Enfin, que votre éloge, ou que votre critique
Parle en juge équitable, en expert véridique !
On n'est pas moins blessé par un coup d'encensoir

Que par une rigueur qui met au désespoir ;
Et comment voulez-vous favoriser l'étude
Si vous la surchargez d'une tâche trop rude ?
A-t-elle rencontré des encouragements
Qui rachètent, du moins, ses plus mauvais moments ?
Avant d'heureux succès le métier est aride,
Et le jeune écrivain ne peut qu'être timide.
Mais je blâme celui qui, ne doutant de rien,
Se croit de son pays le premier citoyen
Parce qu'il est l'auteur d'un volume indigeste,
Fatras, contre lequel le sens commun proteste.
A la prétention qu'affiche son orgueil
On pourrait supposer qu'il aspire au fauteuil,
Et je range parmi les malheurs d'une époque
La vanité des sots, leur bruit, et leur défroque,
Châtions, fustigeons la médiocrité,
Et refusons l'aumône à sa mendicité !
A quoi bon l'épargner ? Je fuis jusqu'à son ombre,
En laissant son talent se mesurer au nombre,
Comme si les beautés, chefs-d'œuvre d'autrefois,
Au lieu de nous toucher se comptaient sur les doigts.
Regardez cet imberbe ! Il a, dans cinq cents pages
Entassé, (juste Ciel !) d'incroyables passages.
Il se pose en poète, il singe l'érudit,
Il vaut bien Lamartine, ou du moins il le dit.
Pourtant, abstenez-vous de lever les épaules,
Ce serait, sans nul doute, intervertir les rôles ;
Aujourd'hui, la jeunesse insulte à l'âge mûr,

Elle emprunte aux journaux un style à peu près pur,
Et ne sait pas trouver dans Racine ou Corneille
La trace du génie, un trait qui la réveille.
Que voulez-vous encor ?... Le vrai goût est faussé,
Et quand le goût du jour aura tout déplacé,
Lorsque le romantisme aura monté, des rues
Jusqu'aux salons dorés, que dis-je ? jusqu'aux nues,
Rien ne subsistera du temps de nos grandeurs,
Et d'un temps insensé nous verrons les horreurs.

Je conclus de ces faits que si la polémique
Ouverte à deux battants, sous une république,
Agite les esprits, gâte le jugement
D'un peuple qui s'émeut beaucoup trop aisément,
Les imprudents écarts de la littérature
Présentant un danger de semblable nature.
Comment nous y soustraire, et comment espérer
Qu'en un état meilleur nous puissions respirer ?
Hélas ! Dieu seul le sait. Dans sa Toute Puissance
Daignera-t-il un jour ressusciter la France ?
Ne le demandez pas. Ses desseins sont secrets,
Et rien d'humain ne peut devancer ses décrets.

§

Tel on a vu naguère un vieux cerf aux abois
Dans un épais taillis arrêté par son bois
Préparer au chasseur une victoire aisée,
Telle est notre patrie. — En tous points abusée,

Elle veut naviguer sans chef et sans agrès,
A charge d'encourir les plus amers regrets;
Que le Ciel ait pitié de sa triste jactance!
Qu'il dessille ses yeux, guide sa conscience,
Qu'il la préserve enfin du plus grave des maux,
Celui d'oublier Dieu, pour se payer de mots!

Verneuil, juin 1875.

UNE DE NOS MISÈRES

Comment désabuser un sot qui veut écrire ?
Nous plantons là son livre, et nous pouffons de rire,
Mais, confit dans son encre, et dans sa vanité
De ses tristes succès on le voit enchanté.
Moins il a de lecteurs, plus il se croit illustre,
Chaque coup de sifflet lui semble un nouveau lustre,
Et, tirant sa manchette, exhibant son jabot,
Il se pose en géant, lui qui n'est qu'un nabot.
Ecoutez-le parler : « Dans mes derniers ouvrages
« J'ai dit ceci, cela, mieux que les anciens sages.
« J'aime Royer-Collard, j'estime assez Guizot,
« Mais ils n'approchent pas du grand Victor Hugo.
« Quant à la politique, à la métaphysique,
« Ma manière de voir est si bien sans réplique
« Qu'il la faut adopter, même sans examen,
« Et ce que j'ai prédit s'accomplira demain.

« Je ne vous dirai rien de mon nouveau poème
« Pour ne pas m'adresser un éloge à moi-même
« Mais je crois, entre nous, et sans le moindre orgueil
« Qu'il me vaudra, tantôt, un immortel fauteuil.

« J'ai bien assez longtemps écrit sur une chaise
« Pour obtenir le droit d'être plus à mon aise,
« Et le siège où s'assied l'Académicien,
« Acquis à mon talent, me conviendra fort bien.
« J'aurai la voix de Thiers, celle de d'Haussonville,
« Vu qu'à feu l'Empereur je fus toujours hostile,
« Et voilà comme il faut, (sage précaution),
« Avoir au moins un pied dans l'opposition.
« Voyez plutôt Barbier, et voyez Simon Jules,
« Mes maîtres à présent, autrefois mes émules !
« Enfin, Favre, Augier, et Cuvelier-Fleury
« Me préparent, j'y compte, un bouquet tout fleuri.
« Les lettres ont, d'ailleurs, aussi leur république,
« Et de ce côté-là je suis fort, je m'en pique.

« *On n'est plus monarchiste*, et, seuls les encroûtés
« Voudraient ressusciter des pouvoirs détestés.
« *A bas les souverains !* Ils sont ce que nous sommes ;
« Les moindres citoyens ne sont-ils pas des hommes !
« Or donc, si vous et moi ne pouvons être Rois,
« Immolons leur couronne à de nouvelles lois !
« Dieu n'a voulu créer que des êtres semblables,
« Respectons, appliquons ses décrets immuables
« En donnant au pays des institutions
« Qui, d'avance, ont conquis les prédilections
« Non pas du riche heureux, mais bien du plus grand
[nombre.]
« C'est là qu'est la vertu, sans mélange et sans ombre,

« C'est là que nous voyons, sans maintien affecté,
« D'un vrai libre-penseur la noble dignité. »

§

Cependant, pouvons-nous admettre un tel langage ?
Pouvons-nous accepter une aussi fausse image
Des dangers, des horreurs, qui passent sous nos yeux ?
N'est-ce pas insulter la majesté des Cieux
Que de nous la montrer toute républicaine,
N'ayant pour nos soupirs que mépris et que haine ?
Et souple, s'incliner devant l'autorité
D'un peuple ivre de vin, ivre d'iniquité.
Pourquoi l'encourager à s'adonner au vice ?
A l'ordre social est-ce rendre service ?
Et dire au mécréant : « J'admire tes vertus, »
Aux martyrs de la Foi que dirons-nous de plus ? »

Sachons être indulgent ! N'incriminons personne !
Cet homme est imparfait, et je le lui pardonne,
Mais mon bon sentiment ne l'autorise pas
A se hisser trop haut, lorsqu'on le voit si bas.
Je veux qu'il s'initie aux principes sublimes
Qui nous soumettent tous aux pouvoirs légitimes.

Le monde est gouverné par une volonté ;
Dans cet enseignement je vois la Royauté :
Pourquoi ne pas vouloir révérer sur la terre
Ce pouvoir imposant, ce pouvoir tutélaire ?

Il est l'ami des lois, de l'ordre, de la paix,
Et sans cesse il devient la source des bienfaits.

N'allez donc pas plus loin, accusateur vulgaire!
Vous avez, fils ingrat, renié votre père,
Vous l'avez accablé, poursuivi, condamné,
Il pouvait vous maudire, il vous a pardonné ;
Je suis moins indulgent et je vous dis en face :
« La révolte est toujours un crime, quoiqu'on fasse.
« Le Ciel ne voudra pas que d'indignes enfants
« Sur nos tristes débris demeurent triomphants. »

   Avril, 1876.

SALVAM FAC REMPUBLICAM

—

De nos républicains, les plus intransigeants
Ont requis le clergé de consacrer ses chants
A prier le Seigneur pour leur indigne idole.
Ne croirait-on pas voir Satan, sur ma parole,
Trop heureux d'avoir pu s'emparer d'un blanc-seing,
Revêtir, en riant, l'habit d'un Capucin ?
Puisqu'aucun jour du mois ne vous trouve à l'Eglise,
Et que la république est assez bien assise,
Pourquoi solliciter cette invocation ?
C'est une hypocrisie, une dérision,
C'est sous des traits sacrés abriter le profane,
C'est insulter le Prêtre, et salir sa soutane,
Et c'est le défier, au nom de son devoir,
De braver, à ses frais, un odieux pouvoir.

Ah ! vous mêlez le Ciel à votre tyrannie !
Vous la savez maudite, et la voulez bénie !
Vous voulez, Citoyens, que nous baisions la main
Qui, sanglante aujourd'hui nous brûlera demain ;
Et moi, qui vous méprise, et moi qui vous abhorre
Je cautionnerais ce qui vous déshonore !

Mais que ferai-je, alors, pour ces mortels pieux
Dont l'amour du Seigneur mouilla souvent les yeux,
Pour mes meilleurs amis, mes parents les plus proches,
Pour tous les opprimés sans peur et sans reproches ?

Vous dites volontiers : « Les hommes sont égaux. »
Non. Qui fuit le combat ne peut être un héros,
L'assassin est un monstre, et l'infidèle un traître,
Un Judas, qui, ce soir, vendrait encor son maître.
Quant à ce conjuré, sans pudeur et sans frein,
Qui brise un trône auguste, et se fait souverain,
Je ne puis voir en lui, perverse créature,
Qu'un être malfaisant ; formé contre nature.

Eh oui ! C'est en criant : « Vive la liberté ! »
Que vous vous soustrayez à toute autorité ;
C'est au nom de vains droits, d'une immonde Justice
Que vous nous imposez un odieux supplice ;
C'est au nom des vertus qu'on puise au cabaret
Que vous vous infusez la révolte à long trait ;
C'est pour mêler ce soir notre sang à nos larmes,
C'est pour nous dépouiller que vous courez aux armes ;
C'est parce que le nombre est pour vous le pouvoir
Qu'aveugles, vous mettez sous vos pieds le savoir,
L'éducation, tout, jusqu'à l'expérience,
Fruit tardif recueilli par la persévérance.

Mais, malheur à celui qui se croit tout permis,
A ce Catilina, qui choisit ses amis

Dans le foyer malsain, plein de haine et d'envie
Où l'on met à l'enchère et mon bien, et ma vie !
Honte à ces professeurs, honte à ces charlatans
Qui promettent au peuple un fortuné printemps,
L'aisance sans travail, des fêtes éternelles,
Un paradis terrestre, aux fleurs toujours nouvelles,
Exhalant un parfum qui ne tarira pas,
Peut-être une vieillesse à l'abri du trépas,
A la voix de ces fous, à leur orgueil immense
On les croirait d'accord avec la Providence,
Mais connaissent-ils Dieu ? — Rien n'est plus impos-
[teur]
Que les hommes qui n'ont que du fiel en leur cœur.

§

Le sage a pour nos maux un tout autre remède ;
Ne soyons pas surpris que Dieu lui vienne en aide.
Le Ciel prête l'oreille aux légitimes vœux,
Aux cris que fait entendre un pays malheureux.
Le bonheur vient d'en haut ; les troubles, au contraire,
Trouvent leur aliment dans l'instinct populaire.
Que le peuple soit bon, calme, laborieux
Tout viendra lui sourire ; un travail fructueux
Procurera bientôt l'aisance à la famille ;
Mais, que l'âme soit pure, et que l'œil se dessille,

Au lieu de n'aspirer qu'aux révolutions.
Demandons au Seigneur ses bénédictions
Laissons le cabaret, rendons-nous à la messe !
L'eau bénite est en hausse, et l'Armagnac en baisse,
Celui-ci coûte cher, l'autre ne coûte rien,
Et n'a jamais fait mal au plus fervent chrétien.
Alors ; plus de soucis, alors plus de querelles ;
De la sobriété persévérants modèles
Vos labeurs se verront préservés des regrets
Que font naître toujours des désordres secrets ;
Exemple édifiant de votre voisinage,
Et cher à vos enfants, au sein d'un bon ménage
Vous ne songerez plus à gouverner l'État :
« Qui fait bien son métier accomplit son mandat. »

      Novembre 1875.

TEMPS PASSÉ ET TEMPS PRÉSENT

Dans les œuvres de l'homme il n'est rien d'éternel,
Le mot éternité n'est buriné qu'au Ciel.
Aux jours de ses splendeurs, notre pays de France
Avait dans l'univers acquis un nom immense.
Le charme répandu sur son urbanité,
Inimitable alors, était partout vanté.
Dans de brillants salons, le goût, l'esprit, la grâce,
Laissaient de leur parfum une suave trace,
Et les rangs confondus, mais toujours ménagés,
Y prenaient à l'envi des plaisirs partagés.
Cette arêne s'ouvrait au bel art de bien dire,
A l'espoir d'inspirer, avec un doux sourire
Un suffrage flatteur, ou galant, ou royal,
Différent d'origine, et d'un prix tout égal.
Les jeunes élégants, accoutumés à plaire,
Savaient puiser au sein d'un amoureux mystère
La faveur de mourir pour leur dame, ou leur Roi.
Aimer fut leur devise, être brave leur loi.
Colonels à vingt ans, délicats sous leur taille.
Ils devenaient géants dans un jour de bataille,

Et tel, enfant gâté des boudoirs de Paris,
Conquérait, à Denain, la croix de Saint-Louis.

Nos doctes magistrats, aux visages austères,
Intègres descendants des plus vertueux pères,
Courbés sous le labeur, blanchis sous le harnais,
N'oubliaient qu'en mourant le chemin du Palais,
Et, d'un célèbre mot devançant les prémices,
« Ils rendaient des arrêts, et non pas des services. »

D'autres titres de gloire ont flatté nos aïeux.
Corneille, avant Racine, et Voltaire après eux,
La Fontaine, Boileau, Molière, Jean-Baptiste,
Regnard, et Crébillon, auteur de Rhadamiste,
Que de grands écrivains, que de féconds esprits
Ont enrichi leur temps de chefs d'œuvre sans prix !

La carrière des arts, le progrès des sciences,
Dépôt des biens conquis, et source d'espérance,
Ont vu, dans leur essor naître, pour notre honneur
Maupertuis et Lebrun, et Mansard et Lesueur.

Enfin, de grands Prélats ont fait briller la chaire
D'accents d'une éloquence ou si tendre, ou si fière,
Qu'à ceux de Fénelon, Fléchier, Bossuet,
L'incrédule a dû croire, ou demeurer muet.

§

Dans des temps rapprochés qu'a vu notre jeunesse.
C'est au monde à le dire. Et sachez quelle ivresse

A bercé quelques nuits, avant un dur réveil.
La grandeur de la France étonna le Soleil.
Princes, peuples, cités, puissance séculaire,
Tout avait sous nos pieds roulé dans la poussière.
Le débile conscrit, tel jadis un Romain,
Traversait vingt états, ses armes à la main,
Disant : « Je suis Français, mes titres sont en règle,
« Voyez, ils sont gravés aux serres de mon Aigle.
« Place au gîte, au foyer, au chevet, au repas,
« Qui, depuis trente jours ont allégé mon pas. »
Et ses hôtes, soumis à ce pesant usage,
Ne se réservaient rien des trésors du ménage.

C'est ainsi qu'alors, un soldat, génie audacieux,
Dont le pavois semblait protégé par les Cieux,
Posait sur l'univers une main fine et blanche, (1)
Et l'univers sentait le poids d'une avalanche.
Ses vœux étaient un ordre, et ses ordres des lois.
Les plus grands potentats s'inclinaient à sa voix ;
Rayonnant, de son front, une immense auréole
Projetait son éclat, de l'un à l'autre pôle ;
De César, d'Alexandre, immortel héritier,
Partout il imprima les fers de son coursier.
Samson, mais sans faiblesse, Hercule sans Omphale,
Quels climats n'ont pas vu sa marche triomphale ?

(1) On sait que Napoléon Ier avait un pied et une main de femme.

Mais, le destin se lasse ; il porte dans ses flancs
Les bornes qu'il entend prescrire aux conquérants ;
Près de leur accorder l'universel empire,
Il reprend ses faveurs, et leur pouvoir expire.

§

Passons sur soixante ans de troubles, de tourments,
Sur soixante ans d'angoisses, et de déchirements !
En but aux factions, l'autorité suprême
Suspecte, discutée, et doutant d'elle-même,
A vainement lutté contre des agresseurs
Conseillers dans la forme, au fond conspirateurs.
Un régime odieux, dressé sur ses vestiges,
Après s'être enivré de trop sanglants prodiges,
Emporté malgré lui dans ses propres excès,
Ayant déshonoré tout, jusqu'au nom français,
Impuissant à fonder un pouvoir tutélaire,
Nous impose son joug, et sa main meurtrière.

§

Ainsi, Rois, Empereurs, on a tout renversé !
Divinité, morale, on a tout offensé;
Et le pays aveugle, en proie à l'anarchie,
Se traîne dans la fange, et la démagogie !

Oh ! France, ouvre les yeux, abjure tes erreurs,
Tes haines, tes soupçons, tes forfaits, tes fureurs !
Laisse-là les essais, et regarde en arrière :
L'avenir est la nuit, le passé la lumière ;
Descends dans ton grand cœur, dans ton cœur d'au-
[trefois],
Qui respectait le Ciel, la justice et les lois.
C'est en les oubliant que, trop loin de la plage
Ta nacelle n'a pu résister à l'orage.
D'un fleuve impétueux si vous suivez le cours,
Pilote, au gouvernail ayez souvent recours ;
Et, d'ailleurs, il est beau, lorsqu'on fait fausse route
De demander la bonne à Dieu, quoiqu'il en coûte :
D'un infaillible doigt il vous la montrera,
Et d'un péril mortel sa main vous sauvera.

1876.

DE L'ESPRIT

—

A ce mot-là je crains, qu'un censeur ne se dise :
« Tel qui vise l'esprit n'atteint que la sottise.
« Si le rêve a son prix, le réveil a le sien,
« On perd plus qu'on ne gagne à ne douter de rien, »

Peut-être non moins fat que la mouche du coche,
Me serai-je attiré cet accablant reproche.
A vous d'en décider, vous, dont le jugement
Est toujours escorté d'un noble sentiment ;
Dans l'espoir d'obtenir l'indulgence plénière,
Je choisis une plume, et puis j'entre en matière.

§

Depuis l'Esprit divin jusqu'à l'esprit de vin,
Que de genres d'esprit ! Je me recueille en vain
Pour les analyser en ordre convenable,
Et, n'imaginant rien qui ne soit détestable,
Volontiers j'abandonne à de mieux avisés
Des soins, qui leur seront sans doute plus aisés.

Cependant, quelques mots sur ce sujet immense

Peuvent se rapprocher de ce que chacun pense,
Par ce jour de printemps je les hasarderai,
La nature s'ent'rouvre, et je l'imiterai.

Dans l'esprit de salon nous excellions en France,
Mais l'esprit de parti l'a mis en déchéance ;
De plus, le journalisme, en s'emparant de tout,
A de nos vieilles mœurs exilé le bon goût.
C'est un des grands bienfaits dus à la République :
Elle saurait, je crois, mêler la politique
Au pain du boulanger, aux amphores de lait.
Qui font de votre porte un bazar assez laid.
Or, l'esprit de parti, d'origine exclusive,
Revêt facilement une forme incisive,
Et le mot *tolérance* est un mot inconnu
De quiconque discute, et se montre tout nu.
C'est pourquoi les débats dans lesquels on s'engage
D'un trop néfaste temps nous retracent l'image.

§

L'opinion échappe à notre volonté,
Elle fait même obstacle à notre liberté,
Mais, qui nous a guidés dans notre préférence?
C'est l'inspiration de notre conscience ;
C'est un je ne sais quoi, plus fort dans son instinct,
Que ce que nous débite ou Veuillot, ou Bertin.

J'ai mon opinion, et vous avez la vôtre.
Sont-elles, toutefois, correctes, l'une et l'autre ?
Ce serait rendre égaux et le mal et le bien
Ce serait s'affranchir de tout gênant bien ;
Ce serait, nivelant la nuit et la lumière,
Proclamer qu'ici-bas, enfin, rien ne diffère.

Cette façon de voir blesse mon sentiment,
Et dans les résultats je puise un argument,
Qu'observé-je en effet ? Vous prêchez la licence,
Les veilles, les excès, la désobéissance.
Si votre légion s'assemble en certain lieu,
La voit-on quelquefois dans la maison de Dieu ?
S'il s'agit d'un scrutin votre voix sera due
A l'ignoble pratique, à la plus assidue
Parmi les visiteurs du cabaret voisin,
Et l'accord se conclut par maint litre de vin.

§

De mes aïeux, d'un frère, en empruntant l'exemple
Je me prosterne aux pieds du Seigneur, dans son
[Temple] ;
Je le prie humblement, le matin et le soir.
J'assiste l'indigent, je me plais à le voir,
Et c'est à son chevet, auprès de sa misère,
Que l'on sent tout le prix d'un destin moins contraire.
Mes pareils prônent l'ordre et la sobriété ;
Aux bornes de la loi suffit leur liberté,
Et, citoyen fidèle aux devoirs de ce titre,

Sachant que de mon sort ma patrie est l'arbitre,
J'attends silencieux, que de sa grande voix
Elle charge mon bras de défendre ses droits.

§

Maintenant prononcez, vous qui venez de lire
Ce que j'ai défini le meilleur et le pire
Dans l'esprit de parti s'il existe un danger,
Le sentiment du bien peut seul le conjurer
Comment donc hésiter, dans le choix qui nous presse
L'on ne se soustrait pas en vain à la sagesse
L'histoire nous l'apprend, et ses enseignements
Devraient nous préserver de nos égarements ;
Mais on fait bon marché de son expérience,
Les passions sont là pleines d'impatience,
Et le frein qu'on devrait savoir leur opposer,
Sans étreinte et sans force est facile à briser.

§

Gardons-nous de placer sur une égale ligne
L'acide du verjus, et le suc de la vigne.
Au plus léger essai l'on ne peut s'y tromper :
Acheter chat en poche est se faire duper ;
Mais, si, voulant rester la dupe de vous-même
Ennemi du milieu, vous préférez l'extrême,
Je n'ai plus rien à dire, et, ployant mon papier,
A quelque autre lecteur je pourrai l'envoyer.

Verneuil, Mars 1878

PATRIE

—

A mon sens, rien n'est creux comme ce mot sonore
Qui représente un Dieu que le vulgaire adore.
Je mesure un État sur son gouvernement,
Et sa moralité règle mon sentiment.

L'asile où je suis bien, c'est là qu'est ma patrie.
Cette grande parole, on l'a beaucoup flétrie,
Moi, je la trouve sage, et ne puis qu'applaudir
A qui, par le présent, juge de l'avenir.

Que m'importe, en effet, le sol, la latitude
D'un pays sur lequel plane la trapitude !
Où tout ce que je vois, où tout ce que j'entends
En troublant mon esprit bouleverse mes sens !

Oui, lorsque le pouvoir du lieu que l'on habite
Se permet sans pudeur des excès sans limite,
Le mépris qu'il inspire est le droit de chacun,
Et devient promptement un sentiment commun.

Ne savez-vous donc pas ce que c'est qu'une injure
Lancée à bout portant, par une lèvre impure !

Ce que c'est qu'un vaurien, ce que c'est qu'un maraud,
Sortant du cabaret, ivre sous son sarrau,
Qui va vous outrager, qui va vous dire en face :
« C'est moi qui suis ton maître, et qui règne à ta place ? »

Alléguez le savoir et l'éducation,
Vos services connus, et la profession
Qui vous rendent utile à la chose publique ?
Cet électeur ignore, il a sa politique,
Et, sans grande façon, il vous prouvera net,
Qu'un noble n'est qu'un sot, un savant qu'un benêt ;
Que le peuple, tout seul, éclairé par la presse
Et par ses intérêts, sait où le bât le blesse.
D'ailleurs, rien n'est plus simple :
                              « A bas tous les impôts,
« Et défendons demain l'accès de nos caveaux
« Aux vils agents du fisc, canaille, triste espèce ;
« Que le Diable l'emporte, ou l'envoie à la messe !
« Tel nous constituons notre gouvernement.
« Mais ce qu'il faut, surtout, dès le premier moment,
« C'est l'abolition de la Gendarmerie.
« La France, de ce mal enfin sera guérie
« Et nous ne verrons plus, accolés deux à deux,
« Ces suppôts des tyrans, ces espions hideux,
« Ennemis des plaisirs, des fêtes du village,
« Dont le flair vient troubler l'innocent braconnage,
« Instruments de terreur et de procès-verbaux,
« Toujours en mouvement et jamais en repos.

« Le peuple souverain veut être un peuple libre,
« Et la moindre contrainte irriterait sa fibre
« Qu'on y songe, à la Chambre, où nos représentants
« Doivent exécuter nos ordres tout-puissants ! »

§.

— Bravo, grand citoyen ! Voilà votre langage,
Et c'est aussi celui de vos pareils, je gage.
Mais le simple bon sens comprend différemment
L'essence et les devoirs de tout gouvernement.
Or, laissant de côté le Gendarme et la cave,
Je me dirigerai vers un sujet plus grave.
Les lois, dans leur principe, ont une autorité,
Mais elles ne sont rien, rien, sans la piété.
La crainte du Seigneur, celle d'une autre vie,
Dont, immanquablement, la première est suivie,
Seront, pour le chrétien, un frein toujours meilleur,
Que le Code pénal, l'eût-il appris par cœur.
Lisez des Tribunaux les lugubres annales !
Larcins, assassinats, déplorables scandales,
Remplissent à demi le rôle des journaux
Constamment à l'affût de scandales nouveaux.
Je dis donc hautement : une fausse lumière,
En abusant nos yeux aujourd'hui les éclaire.
Nous nous sommes jetés dans les témérités
Dédaignant les bienfaits lentement récoltés
D'un bienfait florissant, d'un passé sans orage,
D'un candide passé, vénéré d'âge en âge,

D'un passé qui fit grand notre noble pays,
Du passé glorieux que nos Rois ont conquis.

§.

Et, qu'ont fait de plus beau nos héros de tribune ?
S'ils n'ont pas réformé le soleil et la lune,
Ils ont tout abattu : Sous leurs coups redoublés
Quels champs et quels foyers n'ont pas été troublés ?
Et quant aux monuments de sa toute-puissance,
On les peut voir, ce sont les débris de la France
De la France, semblable au peuple athénien,
Qui, repus de plaisirs, comptait les Dieux pour rien.

§.

Mais, après tant de jours d'indolence et de fête,
Songerez-vous, Français, à sauver votre tête
Vos femmes, vos enfants, votre bien, menacés
Par de vils intrigants, d'ignobles insensés ?

Autrefois, hier encor, sous les lois d'un Empire,
Vous pouviez librement chanter, danser, et rire :
Modérez aujourd'hui cette innocente ardeur,
La République est là : son nom seul fait horreur,
Et nul contemporain de sa sanglante histoire,
Quel qu'ait été son rang, n'a perdu la mémoire
Des crimes, dont elle a, sous son règne odieux,
Épouvanté la terre, et fait rougir les Cieux.

Verneuil, Mars 1878.

LES GUÊPES

J'avais, dans mon jardin, des pêches assez belles,
Les guêpes ont pensé qu'on les gardait pour elles ;
Et, réduit désormais à cueillir des noyaux,
Je me dis : l'Homme est-il le Roi des animaux ?
Il a beau se parer de son intelligence,
Le plus chétif insecte en montre l'impuissance,
Et libre, mais toujours fidèle à son instinct,
La République ailée accomplit son destin
En puisant dans les fleurs et les fruits de la terre
L'aliment que l'enfant doit au sein de sa mère.
Admirons en ceci l'œuvre du Créateur
De tout ce qui respire Il est le bienfaiteur.

Or les guêpes sachant choisir en conscience
Ce qui se recommande à leur concupiscence,
Les gourmandes, ont fait la noce à mes dépens,
Mais elles avaient faim, ces filles du printemps,
Et quand j'osai leur dire « à moi seul ces merveilles ! »
Elles m'ont répondu « la faim n'a point d'oreilles. »

Mes quatre-vingt-dix ans acceptent la leçon.
Qui n'entend qu'une cloche, aussi n'entend qu'un son.
    Septembre 1880.

AUX SERINS DE Mlle C...

—

Chantez petits oiseaux, et longtemps s'il se peut !
Chantez gaîment, chantez ; ne chante pas qui veut.

Voyez cet homme en deuil, et voyez cette mère
Mêlant à leurs sanglots une longue prière !
Voyez cet indigent, tourmenté par la faim,
A la pitié du riche, il demande du pain !

Voyez dans cet asile ouvert à la souffrance
Un enfant, digne objet d'une vaine espérance,
Au printemps de la vie il a fait ses adieux,
Et l'implacable mort va lui fermer les yeux.

Voyez ce vieux soldat, un héros anonyme,
D'un combat glorieux, magnifique victime.
Il est privé d'un œil, d'une jambe, ou d'un bras,
Que l'étoile d'honneur ne remplacera pas !

Voyez enfin, là-bas, cette noble chapelle,
D'un pieux monument, vénérable modèle,
Mise sous les verrous par ordre des tyrans,
Qui, d'un hardi pouvoir se disputent les rangs.

L'écho n'y redit plus les versets des cantiques,
Tout est silencieux sous ses arceaux gothiques,
Et l'autel souverain, de cet auguste lieu
N'entend plus l'oraison du Ministre de Dieu.

Le monde, le voilà ! Vous heureux dans la cage,
Où rien ne vient troubler votre innocent ramage.
Chantez petits oiseaux, et toujours, s'il se peut !
Chantez gaîment ; chantez, ne chante pas qui veut.

Verneuil, 28 novembre 1881.

LA MODE

On parle de progrès ! hélas ! le goût recule,
Et ne sait qu'inventer pour être ridicule.
Des femmes regardez l'incroyable chapeau
Juché sur l'occiput, en forme de gâteau.
Il laisse à découvert un imprudent visage
Exhibé tout entier sous cet échaffaudage.
Ce genre, s'il s'impose et sied au jeune front,
Fatal à l'âge mûr, lui prépare un affront.
Voyez ce qu'en bon terme on nomme la tournure,
Donner à ce qu'elle orne une fausse envergure.
Observez ces talons, caprice d'autrefois,
Qui ressemblent, de loin, à des jambes de bois ;
Ils empêchent le pied de marcher avec grâce,
Le genou se replie, et le jarret se lasse ;
Enfin, le poids du corps mutilant les orteils
Condamné désormais à des maux sans pareils.
L'exagération est rarement de mise,
Il la faut éviter, quoiqu'on fasse, ou l'on dise,
S'en affoler un jour pour en rire demain,
C'est, bien évidemment, prendre un triste chemin.
A la taille de guêpe, un moment insensée,
A succédé, depuis, une taille engoncée :

La robe d'aujourd'hui, véritable fourreau
Collé sur les contours les accuse un peu trop
Et lorsqu'une beauté soupçonne une grossesse,
Elle abandonnera cet étui qui la blesse,
O, vaste crinoline, et toi, manche en gigot,
Trop longtemps en faveur, fleurissez au Congo !

Ainsi, tout est au mieux, à ce que dit la mode,
Dût-elle être bizarre, et de plus incommode.
Or, dans mon petit coin si je blâme le goût,
Ma critique pourrait s'étendre tout à coup
Sur les raffinements et sur les exigences
Qui donnent un champ libre à de folles dépenses,
Sur ces oisifs époux qui font du jour la nuit,
Et de la nuit le jour... et tout ce qui s'ensuit.
Ce couple, je le vois, entraîné par l'usage,
Prendre tous les partis, hors celui d'être sage :

« Où sont les sentiments, les soins et le devoir
« Dont vous vous dispensez du matin jusqu'au soir :
« Comment, sans en rougir, vous, père de famille,
« Aurez-vous dirigé vos fils, ou votre fille !
« Loin de la ligne droite en tous sens emporté
« Qu'aurez-vous conservé de votre autorité ?
« Je considérerais comme un progrès immense
« De la morale à vous une moindre distance,
« Et, moins désordonné, notre triste pays
« S'affranchirait enfin des écarts de Paris. »

Il est encore, ailleurs, de tranquilles contrées,
Dépôt d'un saint respect, de vertus révérées
Où règnent la pudeur et la sobriété.
Est-ce par ignorance, ou par rusticité?
Ne le demandez-pas, ce n'est ni l'un, ni l'autre,
J'y discerne un esprit bien différent du vôtre,
J'y trouve un bel exemple, une chaste candeur,
Élément de la paix, et source de bonheur.
Ce bonheur, je le sais, n'est pas celui du monde,
D'un monde vaniteux où l'élégance abonde ;
Je sais qu'il en rit fort, qu'il ne le comprend pas
Mais je laisse courir, et ne marche qu'au pas
Le plaisir, bien souvent, vaut moins que ce qu'il coûte,
Et j'estime qu'il faut le prendre goutte à goutte ;
Il faut le savourer dans un simple milieu
Où la raison est libre, où l'on rend grâce à Dieu,
A ce Dieu bienfaisant, dont la Toute-Puissance
Guide nos actions, et notre conscience.
A cette source vive, à ce pouvoir sans fin
Doivent se rattacher les vœux du genre humain.

« Homme, abaisse ton front, que ta tête s'incline.
« Il s'agit d'adorer la majesté divine
« Elle enflamme nos cœurs, elle éclaire nos yeux,
« Gouverne l'univers, et règne au haut des Cieux.

    1876.

AUX ENFANTS DE L'ŒUVRE DE L'ADOPTION

Pauvres petits enfants, vos parents ne sont plus !
Le Ciel leur a donné le bonheur des élus,
Nous devons l'espérer. — Que reste-t-il sur terre
Qui puisse remplacer l'amour de votre mère ?
Qui vous caressera, qui vous consolera,
Qui viendra vous sourire, et qui vous instruira ?

Dieu n'abandonne pas les faibles créatures ;
Pour sa toute-puissance il n'en est point d'obscures,
Et s'il apprend la vie aux jeunes passereaux
Que les premiers beaux jours font naître en nos hameaux,
Si le grain, enfoui, fermente et devient gerbe,
Si l'insecte invisible a son abri sous l'herbe,
Dieu voudrait-il livrer à des périls mortels
Des enfants baptisés au pied de ses Autels ?

Dans un lieu de son choix, l'active Providence
A réuni des cœurs acquis à l'indigence.
Vous y rencontrerez des tendresses, des soins,
Constamment dévoués à vos moindres besoins.

Un Prêtre, nouveau Paul, (1) un Prince de l'Église, (2).
Ont offert leur concours à la sainte entreprise,
Et j'entends le Prélat vous dire avec Jésus :

« Approchez mes enfants, soyez les bienvenus.
« J'aime vos jeunes ans, j'aime vos frais visages ;
« Riez, courez, jouez, mais du moins soyez sages !
« Vous le saurez plus tard, hors de la pureté
« L'homme manque aux desseins de la Divinité ;
« C'est plus que d'être sourd à la voix d'un bon père,
« C'est plus que d'être ingrat à l'amour d'une mère,
« C'est perdre sciemment et son âme et son corps,
« C'est ouvrir sous ses pas la source des remords.

« Vous aurez à chercher dans une loi commune,
« Dans la loi du travail, une honnête fortune.
« Le travail ! ce grand mot, écrit en lettres d'or
« Au chevet de vos lits, représente un trésor.
« L'oisiveté perdrait ce que le travail donne ;
« La force, la santé, sont sa noble couronne,
« Et le brave ouvrier trouve dans son labeur
« Le fruit de son courage, avec la paix du cœur.

« Courage donc, enfants ! courage et confiance.
« Unissez vos efforts à votre intelligence,
« Unissez votre espoir à votre piété ;
« Dieu vous ouvre ses bras, adorez sa bonté ;

(1) M. l'abbé Jacquet.
(2) Mgr l'archevêque de Bourges.

« Priez-le, louez-le, dans sa miséricorde,
« Soyez reconnaissants des biens qu'il vous accorde,
« Et que vos sentiments rémunèrent les vœux
« Les plus attendrissants et les plus généreux. »

Verneuil, 6 novembre 1868.

A MON JEUNE CHAT

—

Est-il vrai, cher petit, que tu veuilles quitter
Ce toit, où je voyais ta candeur s'abriter?
Pour quel rêve imprudent vas-tu changer de vie?
Au chat d'un souverain ton sort eût fait envie,
Que dis-je ! des enfants, nés de pauvres parents,
Auraient pris ton couvert pour la table des grands.
As-tu jamais connu, dans ces lieux tutélaires
Un caprice, un désordre, un souhait téméraires !
Quelle ombre d'esclavage y rencontraient tes pas?
Loin d'y subir des lois n'y commandais-tu pas?
Tes jeux, tes soubresauts, burlesque fantaisie,
Ne m'inspiraient-ils plus l'accent qui s'extasie,
Et quand tu pourchassais une sphère en papier,
Imparfaite souris qu'on aime à copier,
Etais-je indifférent à la patte arrondie
Qui lançait au plafond la balle rebondie !
Ne disposais-tu pas du plus moëlleux coussin?
Ta mère t'aurait moins réchauffé de son sein,
Et sur ton doux sommeil, sommeil de l'innocence,
Je veillais, absorbé dans un tendre silence.

Cependant, tout est prêt, réglé pour ton départ,
Et ton impatience appréhende un retard.
Tu vas, à travers champs, courir les aventures,
Braver la faim, la soif, le froid, les nuits obscures,
Pour apprendre le monde, et puis pour t'établir ;
Mais que d'illusions, avant d'y réussir !
L'intérêt nous captive, et l'amour nous abuse ;
L'un nous dit : « Vive l'or. » ; le second, plein de ruse,
Altère les clartés de notre jugement,
Et tel, qui caressait une affaire d'argent
Prend une sotte femme, avec un coffre vide,
Tandis que son voisin doit à l'enfant perfide
La faveur d'être admis à plaire à de beaux yeux,
Sauf, au bout de la lune, à leur être odieux.

Voilà comme, sur dix, on compte un bon ménage,
Aussi, le célibat a-t-il quelque avantage,
Tu le sauras un jour, et tu l'enseigneras ;
Mais tes fils, grands croqueurs de souris et de rats,
Te diront en riant : « Pour Dieu, laissez-nous faire
« Ce qu'avant notre père a fait notre grand-père.
« Nous ne prétendons pas être plus sages qu'eux,
« Tout en nous promettant, sans être fastueux,
« De vivre un peu pour nous, dans une honnête aisance,
« Et non pas en martyrs affamés d'abstinence
« Le genre humain n'est plus ce qu'il fut autrefois,
« Nos mœurs en ont changé les usages, les lois,
« Le siècle a transformé sa structure, sa fibre :
« C'est un échantillon des droits d'un peuple libre. »

— De ces droits je vous fais, Messieurs, mon compli-
[ment],
Et vous les défendez, je le vois, savamment.
Mais veuillez m'écouter : D'un excès de prudence
Aux prodigalités il est une distance,
Que le sage respecte, et l'insensé franchit.
Il ne nous suffit pas d'avoir grand appétit,
Il faut que l'estomac s'y fasse, et s'en arrange
Sous peine de faillir d'une manière étrange.
Ménagez vos moyens, modérez vos désirs,
Soyez sobres, et même avares de plaisirs :
Plus on sait se priver, moins on connaît l'envie,
Moins on est répandu, plus on connaît la vie,
Rien n'échappe de loin à l'œil observateur,
L'objet trop près de l'œil est un objet trompeur.

Je viens donc déclarer aux courtisans du monde
Que j'ai leur Souverain dans une horreur profonde,
Et que je prise plus mon chaume et mon grabat
Que l'éclat des Palais, leur gêne et leur sabat ;
Mais je trouve parfaite une autre préférence,
Et vous tire humblement, messieurs, ma révérence :
C'est dans ces termes-là qu'on faisait autrefois
Ses adieux à son hôte, à sa dame, à nos Rois.

Maintenant, quelques mots au charmant déserteur :
De mes soins paternels ;
« Nonobstant ton ardeur,

« Ton projet peut sombrer en moins d'une journée,
« Car, mon Dieu ! qui de nous prévoit sa destinée !
« Eh bien ! si l'ouragan vient à se déchaîner,
« Si tes forces, mon fils, allaient t'abandonner,
« Regagne ton berceau, regagne la chaumière
« Où tes yeux demi-clos ont perçu la lumière,
« Rejoins un vieil ami, ce vieil ami, c'est moi :
« *Le plus heureux des deux, ce ne sera pas toi,* »

Verneuil, novembre 1868.

NOTE

Longtemps amis, M. Viennet, et la baronne de Montaran, femme de beaucoup d'esprit et de talents, se sont brouillés, à l'époque de l'irruption de l'Ecole romantique. M. Viennet était une colonne de l'Ecole classique, Mme de Montaran avait passé dans l'autre camp ; de là, discussions, et séparation définitive, ce qui n'empêcha pas M. le comte d'Haussonville, successeur de M. Viennet à l'Académie française, de citer dans son discours de réception, une remarquable épitre de son prédécesseur à Mme de Montaran.

J'ai cherché à rapprocher ces deux esprits, au nom d'une vieille amitié, et j'y étais parvenu, lorsque la mort a tout à coup frappé M. Viennet. Le morceau qu'on va lire est donc de la plus exacte vérité historique. Elle donnera peut-être quelque intérêt à mes vers.

MONSIEUR V*** ET MADAME DE M***

« D'un drame trop réel impartial acteur,
« Et le seul survivant, j'en deviens l'éditeur. »

Accorder deux esprits, dont le talent diffère
Non moins par les penchants que par le savoir-faire,
Est un soin bien ingrat ; car, ce qu'admire l'un
Obtiendra-t-il demain l'assentiment commun !
« Hugo, dit celui-ci, poète de génie,
« Esprit libre, a lutté contre la tyrannie
« Qui régna trop longtemps sur le monde enchaîné ;
« Il a mis au défi le talent suranné,
« Et, planant, comme l'aigle, au dessus des abymes,
« L'oiseau de Jupiter, en des accents sublimes
« S'est noblement vengé de ses vils détracteurs,
« Séides de Racine ou besogneux auteurs. »

Mais écoutez la voix qui, d'autre part s'élève :
« Le romantisme ébauche et notre école achève.
« Où vous dégrossissez ma main saura polir,
« Vous hasardez des mots qui nous feraient rougir.

« Avez-vous des beautés qui nous soient inconnues ?
« Les nôtres sont du moins les premières venues,
« Et si vous vous posez devant nous en vainqueurs,
« Grâce à quelques succès... nous les croyons trompeurs,
« L'enthousiasme est prompt, mais souvent éphémère,
« Et, du soir au matin perdant son caractère
« Il chancelle, il pâlit ; de toute sa hauteur
« Il tombe, et se transforme en mortelle froideur.
« Quant à nous, deux cents ans nous ont servi d'é-
[preuve],
« C'est assez respectable : et tel on voit un fleuve
« Sans cesse s'élargir en son paisible cours,
« Tels sont les vrais chefs-d'œuvre, ils grandissent
[toujours].
« Le *creseit eundo*, dont Racine est l'emblême
« Fut sans doute prédit pour son talent suprême,
« Et soyez honoré si, soumis et discret,
« Vous désservez le Temple où sa gloire apparaît. »

§.

Ce facheux différend acquiert de l'importance ;
Chacun plaide sa cause avec impatience ;
On s'agite, on discute, en termes assez vifs,
Quand surviennent enfin des griefs décisifs.
Ici, l'on a nommé Byron un grand poète,
Mais, de tous ses lecteurs a-t-il fait la conquête :
« Byron est un géant. »

« — Eh non, c'est un rêveur. »
— « Incomparable esprit. »
« — Non pas ; esprit frondeur. »
— « Un grand homme, monsieur. »
« — Un charlatan, madame. »
— « Quelle âme, elle brûlait ! »
« — Oui, d'une fausse flamme. »
— « Peut-on calomnier ?...
« — Peut-on parler ainsi ! »
— « Eh bien ! mon dernier mot, cher monsieur, le
[voici].
« J'eus pour vos sentiments une estime sincère ;
« Désormais je ne vois en vous qu'un adversaire ;
« Restons tous deux chez nous, ne nous fréquentons
[plus],
« Nous nous épargnerons des chagrins superflus :
« La paix vaut mieux, de loin, que de trop près la
[guerre],
« Je suis votre servante ; adieu, censeur austère ! »

§.

Et les voilà brouillés, je dis brouillés à mort.
Byron, à son insu, cause ce désaccord ;
Et pour prix des faveurs qu'offre la poésie,
Chacun accusera son voisin d'hérésie,
On ne se souvient plus d'une ancienne amitié,
Le goût est exigeant, l'École est sans pitié ;

Il n'est, pour les défendre, aucun effort qui coûte :
Ah ! Je plains les lutteurs de cette triste joûte !

§

Dix ans, (peut-être plus !), témoins de ce conflit,
N'ont point calmé l'effet d'un mutuel dépit.
Mais un tiers s'interpose ; il rappelle à la dame
Que le rôle indulgent est celui d'une femme ;
Puis, il dit au vieillard : « Votre cœur généreux
« Voudra-t-il repousser ma démarche et mes vœux !
« Vous aviez une émule, et bien mieux, une amie,
« Mais votre affection s'est pour elle endormie
« Depuis qu'un peu trop vifs, dans d'illustres salons
« Vous vous êtes heurtés, et tourné les talons.
« C'est assez ; il est temps que la guerre finisse :
« Juge du camp je viens me jeter dans la lice
« Pour rapprocher deux cœurs, deux éminents esprits
« Que le pays honore, et que moi je chéris,
« Je ne connais qu'à Rome un mortel infaillible
« Interrogez votre âme, elle est noble et sensible ;
« Il ne faut pas garder pour notre dernier jour
« Les douceurs d'un pardon, le bonheur d'un retour.
« Consentez mon ami, sans arrière-pensée
« A serrer une main que vous avez blessée,
« Elle cherche la vôtre... ah ! reconnaissez-là,
« Je n'attends plus qu'un mot, dites-le... la voilà. »

Mais mon espoir m'abuse, et ceci n'est qu'un songe !
Me serais-je endormi ? Non, rien n'était mensonge
Dans le pieux dessein de réunir ces cœurs
Trop longtemps séparés aux dépens des neufs sœurs.
Déjà tout était prêt ; une sainte promesse
M'avait été donnée, et dans mon allégresse
Je m'étais empressé de proclamer la paix,
Dussent mes pleins-pouvoirs m'échapper pour jamais.
Un rendez-vous est pris : la première visite
Qui la fera ? celui qui courra le plus vite,
Et ce ne sera pas ce digne et bon vieillard
Qu'un athsme invétéré rend assez peu gaillard.
Mais la dame est alerte ; elle veut qu'avec grâce
En générosité son ardeur se surpasse,
Et demain elle ira, légère, et d'un plein gré,
Recueillir cette paix, contrat tant désiré.

§

Hélas ! ce lendemain ne devait point paraître
Pour l'excellent ami, pour le vénéré Maître.
La mort l'avait surpris, frappé dans son sommeil,
Et le soleil d'hier fut son dernier soleil.

Verneuil, 1870.

AUX GENS DIFFICILES

La Fontaine s'est plaint des goûts trop exigeants,
Et j'oserai blâmer de plus fâcheuses gens,
Ceux qui, sans cesse armés contre tous les régimes.
Du pouvoir, quel qu'il soit, se donnent pour victimes.

« — Je suis las, diront-ils, de cette royauté
« Dont le règne odieux n'eût pas un bon côté ;
« Et je désigne ici la triste monarchie
« Dont la France, aux abois, s'est jadis affranchie.
« — Je ne veux pas non plus charger un avocat,
« Avide du pouvoir, de gouverner l'État :
« Savoir dire à son prix, mieux vaut le savoir-faire.
« — L'Empire était la paix, il tombe par la guerre.
« — Quant à la République, au front taché de sang,
« Il n'est aucune horreur qu'on ne doive à son flanc.
« De ces combinaisons, pour moi la préférable
« Quoiqu'on puisse penser, est encor détestable. »

Si donc je vous disais: « Citoyens, choisissez »
Vos scrupules seraient des plus embarrassés.
Soit. Pourtant, au pays il faut bien quelque chose,

Un pouvoir, (c'est le mot), sur qui l'ordre repose,
Quels climats ont jamais pu voir un bâtiment,
Sans voile ou sans vapeur naviguer sûrement ?
Capitaine, second, boussole et gouvernail,
Nul ne quitte le port qu'avec cet attirail ;
Personne n'obéit si quelqu'un ne commande,
Et suffit-il toujours que la loi nous défende
Ceci, cela, pour que, pleins de docilité,
Nous sachions nous soumettre à son autorité ?
Non. Il apparaît donc qu'une magistrature
Doit atteindre et frapper l'assassin, le parjure,
Les artisans du trouble et de l'impiété,
Ces drôles, revêtus d'un cynisme éhonté,
Enfin, ces furieux, dont l'orgueil indomptable
A bravé trop longtemps un arrêt mémorable.

§

En vain nous nous traçons un cercle vicieux ;
Nous tournons, nous cherchons, nous fatiguons nos yeux,
Pour recourir, plus tard, aux bases tutélaires
De ces gouvernements qu'ont vénérés nos pères,
Comme des voyageurs, qui, de lointains pays
Rentrent, désabusés, et joyeux, au logis.
Qu'ont-ils appris goûté, qui valût la famille,
Le foyer, le manoir, et la vieille charmille
Que l'été fait bénir, et qui brave l'hiver.
Sous le chaume on ne craint ni l'aspic, ni la mer ;

On a des jours pareils, on laisse aller la vie,
En ignorant la haine, en proscrivant l'envie,
Et sans rien souhaiter que de paisibles ans,
On lègue les tracas du monde aux gouvernants.

§

Eh quoi ! pour un procès, pour une moindre affaire,
Avec un avoué vous prenez un notaire,
Et vous aspireriez, vous, novice orateur,
Au rôle souverain que joue un dictateur !
Examinons-nous bien, que chacun s'interroge,
« Toi, commande l'armée, et toi, garde la toge ;
« On n'est pas, en tout genre, un habile ouvrier,
« Et demeure un bavard, si c'est là ton métier. »

Pour moi, vieillard obscur, dont la longue existence
A vu s'accumuler les malheurs sur la France,
Je suis prêt à mourir, mais prêt à révérer
Le Sauveur inconnu... qu'elle peut espérer.

Verneuil, août 1871.

AUX ARMES

France, arbore le deuil ! tes enfants éperdus,
Captifs ou mutilés, dans la mort confondus,
Sont tombés, le front haut, sous leur noble bannière.
Un nouvel Attila, précédé du tonnerre,
Jalousant les foyers où fut notre berceau,
Des rives de la Sprée, invisible ruisseau,
S'est élancé, suivi d'une horde sauvage
Avide de butin, de sang et de carnage,
Sur notre douce France, infortuné pays
Que n'a pu préserver la valeur de ses fils.

Ce Roi, ce souverain, et ses huit cent mille hommes,
Ne me demandez pas s'ils sont ce que nous sommes.
Audacieux bandits et pillards raffinés,
Aux dernières horreurs par penchant entraînés,
Tels, ils ont résolu, dans une gloire immonde,
De se déshonorer, d'épouvanter le monde.

Ah ! si nous avions pu combattre à nombre égal,
Nous eussions écrasé notre insolent rival,
Et nos mâles guerriers, punissant sa jactance

Auraient su, juste Ciel ! la forcer au silence.
Mais d'immenses moyens, préparés dès longtemps
Allaient nous opposer, contre un, cinq combattants,
Et, prodiguant, non moins l'art que la perfidie,
Guillaume, en une indigne et lâche comédie
Dressant un plan d'attaque, en nouant des bouquets,
En jetant, chez Laïs, son or et ses hoquets.
Oui, dans un faux sommeil sa paupière endormie
S'ouvrait pour regarder la France en ennemie ;
Et, lorsqu'avec candeur notre hospitalité
Comblait de trop d'égards ce monarque éhonté,
Lui, plein d'une infâme et double hypocrisie,
Répandant à la Cour des flots de courtoisie,
Chargeant, sans en rougir, de zélés serviteurs,
Dociles instruments de ses dehors trompeurs,
De compter nos soldats, de voir la capitale,
Non pas comme on admire une ville idéale,
Mais comme on l'examine, en un traître séjour,
Avec le parti pris de la raser un jour.
On se montrait galant envers l'Impératrice,
Avec le jeune Prince on faisait l'exercice,
Et le soir on donnait des ordres à Bismarck
Pour qu'il nous préparât le sort du Danemarck.

« Vous allez, dit le Roi, calomnier la France,
« Alléguer que son peuple en veut à ma puissance ;
« Et j'entends, à tout prix, réunir, dès demain,
« Sous l'Aigle Prussienne, et tenir dans ma main,

« (Dussiez-vous irriter cette foule de Princes
« Dont les états restreints ne sont que mes Provinces),
« Des soldats par millions, des canons par milliers,
« Des engins destructeurs, dans l'ombre étudiés,
« De fabuleux transports, si sûrs et si rapides,
« Que la mort sortira de leurs flancs homicides. »

Ainsi, trop confiants, nos bras se sont ouverts
Pour étreindre un félon qui nous forgeait des fers.
Ces fers, ils sont bien lourds ! mais nous pouvons en-
[core]
Assouvir dans le sang la soif qui nous dévore
Et briser nos hoyaux sur le front d'un vainqueur
Qui veut nous ravir tout, tout, jusqu'à notre honneur.

Il s'agit, sachons-le, d'une lutte implacable.
Qui s'efface recule, et qui tremble est coupable.
L'arme est toujours légère à qui veut la porter,
Et le patriotisme apprend à l'ajuster.
Choisissons : courbons-nous sous toutes les misères,
Ou montrons-nous virils, tels que furent nos pères.

Aux armes, mes enfants, mort à ces Prussiens,
Nos hideux oppresseurs : *Aux armes, Citoyens !*

Nantes, le 7 septembre 1870.

LE NID D'HIRONDELLE

(RÉCIT D'UN FAIT QUI S'EST PASSÉ SOUS NOS YEUX.)

A MADEMOISELLE MELANIE DE LIGNE.

Un nid se bâtissait, — un doux nid d'hirondelle. —
Architecte charmant de la maison nouvelle,
Sans prendre de repos, le couple gracieux
Travaillait, travaillait, et faisait de son mieux.
Déjà l'on discernait du prochain édifice
La muraille arrondie, et l'étroit orifice,
Porte d'un château-fort, sans fossés ni redans,
Par laquelle on pourrait s'établir au dedans.
La Saint-Jean aurait vu finir la maisonnette,
Et père et mère allaient préparer la layette
De leurs futurs petits... lorsque d'affreux pierrots,
Prussiens déguisés, détestables bourreaux,
Jaloux de bons voisins, et de leur innocence,
Au mépris du traité d'une antique alliance

Qui devait cimenter d'éternels sentiments,
Ont déclaré la guerre aux courriers du printemps.
Bataillon furieux, ils ont mis au pillage
Ce nid, demain l'espoir, l'ornement du village ;
Installés, sans vergogne, au foyer du logis,
Abattant ses parois, profanant son tapis,
Enfin, du droit des gens ne laissant nulle trace,
N'ont-ils pas allégué, l'un, l'honneur de sa race,
L'autre, sa sûreté ?

      — Le pauvre Danemarck,
Pillé par les pierrots de monsieur de Bismarck,
Nous paraît présenter assez de ressemblance
Avec nos opprimés, condamnés au silence.

Et disons que là-bas, ici, dans tous les tems,
Les bons n'ont qu'à souffrir du règne des méchants.

 Verneuil, juin 1866.

MATIN ET SOIR

L'espiègle du hameau, l'aube à peine levée,
Dérobe en tapinois l'innocente couvée ;
La fleur sourit au ciel, son calice vermeil
Veut les baisers de l'air, les ardeurs du soleil,
Et l'oiseau matinal dit à Dieu sa pensée
Dans sa note vibrante, agile et cadencée ;
Puis, la barque, docile aux hardis matelots,
Glisse, court, obéit, en se jouant des flots.

Oui, mais quand vient le soir, l'enfant, près de sa mère,
Sur son regard d'azur referme sa paupière ;
Au bois l'oiseau se tait, adieu ses chants joyeux,
Adieu ses gais amours, sa liberté des Cieux,
Et la barque, allégée, est fixée à la rive,
Avec sa rame alerte, à cette heure inactive.

Mon cœur, voici la nuit ;
Assoupis-toi, sans désirs et sans bruit.
Comme la barque vacillante,
Sache achever ta course errante.

Vois cette fleur qui se flétrit ;
Ici-bas, oui, tout passe, et ce qui naît finit.
Vois encor cet oiseau, sous la feuille nouvelle,
    Laissant, le soir, sa douce voix
Muette au son divin de l'écho de nos bois,
Manque-t-il à cacher sa tête sous son aile ?
      Laisse fuir le torrent,
      Laisse courir le vent,
Laisse le faux encens dont s'enivre la femme
Cacher sous ce parfum les peines de son âme :
    Plus de projets, plus de combats,
A de nouveaux tourments, va, ne t'expose pas !
L'aquilon, qui recèle en son sein les orages,
    En mugissant lance sur les rivages
Si riants autrefois, à présent si meurtris,
Le bonheur d'un autre âge, et ses pauvres débris.
Notre cœur, sous l'amour, s'agite, souffre, pleure,
La vie a-t-elle un jour, et le plaisir une heure ?

Ainsi, le triste hiver m'apparaît pour toujours.
J'entrevois son néant et renonce aux amours.
Pourtant, aux nuits d'hiver Dieu donne les étoiles
Et, comme au doux printemps, leur splendeur est sans
                                     [voiles,]
Mais aux cœurs épuisés reste-t-il un espoir ?

Après un jour de trouble, oh ! ne crains pas le soir :
Monte, monte là-haut, mon âme endolorie !

Va suivre dans le ciel une route fleurie !
Des grandes vérités qu'il te donne la foi ;
Et vous, anges élus, répandez-les sur moi !
La céleste cohorte, à la vie éternelle,
Emportera d'ici ma faiblesse avec elle :
Courage, Dieu qui donne la vie et la mort
A nos fragilités ne ferme pas le port.

Caen, 1849.

FIN DU PREMIER VOLUME.

TABLE DES MATIÈRES

	Pages.
A M. Thiers..	1
Notice..	4
Lettre de M. Thiers adressée à M. le curé de la paroisse, pour remettre à M. A. Verneuil, par Triel, (S. et O.)..	32
A M. Thiers..	33
Lettre de M. Thiers adressée à M. de Bailleul, ancien intendant militaire, à Verneuil........................	36
France et Prusse.......................................	37
Notice biographique sur M. le baron Blanquart de Bailleul..	67
Souvenir du règne de Napoléon Ier...................	87
Lettre à un académicien................................	187
Contraste et similitude................................	191
Le village..	197
Encouragement aux poètes..............................	201
L'hiver au village.....................................	202
L'illusion..	207
Le tourtereau, le papillon et l'homme...................	209
A Madame R...	214
Les sept péchés capitaux...............................	215
Labor improbus......................................	227
Aujourd'hui *ou* travers, vice, crime..................	230
Jeunes et vieux.......................................	233
Le réalisme littéraire.................................	236
Le 21 janvier...	240

TABLE DES MATIÈRES.

	Pages.
Marie-Antoinette (16 oct. 1793)	244
Aux Émigrés de 1870	257
A l'Impératrice	261
Les vanités de l'esprit	264
Au jeune prince Louis de L	268
Train de plaisir	270
Le siècle	273
Le progrès	279
A Madame la baronne de M***	290
A Madame la baronne de M*** (épitre)	292
L'âge mûr	297
Le goût littéraire d'aujourd'hui	299
Une de nos misères	303
Salvam fac rempublicam	307
Temps passé et temps présent	311
De l'esprit	316
Patrie	320
Les guêpes	324
Aux serins de Mlle C***	325
La mode	327
Aux enfants de l'œuvre de l'adoption	330
A mon jeune chat	333
M. V. et Madame de M***	336-337
Aux gens difficiles	342
Aux armes !	345
Le nid d'hirondelle (à Mlle Mélanie de Ligne)	348
Matin et soir	350

FIN DE LA TABLE DES MATIÈRES.

2519. — ABBEVILLE. — TYP. ET STÉR. A. RETAUX.

www.ingramcontent.com/pod-product-compliance
Lightning Source LLC
Chambersburg PA
CBHW050547170426
43201CB00011B/1595